JN107054

時間がない
受験生に
最適な1冊！

採点者の心をつかむ

合格する小論文のネタ

河合塾講師
中塚光之介

医歯薬/看護・医療編

かんき出版

はじめに

医学・医療系大学の学部・学科に進学するために必要なのは、（一般試験以外では）おもに以下の３つの試験です。

①志望理由書
②小論文
③面接

もちろん、大学によって多少の違いはありますが、基本的にはほとんどの大学でこの３つの試験が課されます。

これらの試験では、医学・医療における一定の知識が必要です。

おそらく、受験生のみなさんは、この知識を身につけるために、医学・医療に関する専門用語やキーワードを覚えなくてはいけない、と考えているでしょう。たしかにそれはその通りです。

しかし、たんにそれらを暗記しても、医学・医療を理解したことにはなりません。

たとえば、「**インフォームドコンセント**」という言葉。

「**患者に説明をした上で同意を得ること**」と理解している受験生がほとんどです。しかし、たんに患者の同意が得られればいいというものではありません。

医療者と患者の間の緊密なコミュニケーションの上に、信頼関係を築きます。そして、患者に理解・納得してもらうことが重要になります（くわしくは後述します）。

これらを前提として患者の同意を得るべきなのに、ただ「同意を得ればいい」では、医療者側は手続きを踏んで訴訟を避けようとしているだけかもしれません。その結果、患者側はまったく納得せずに不安なまま治療に進むことにもなりかねません。

また、「患者に説明をした上で同意を得ること」は、それ自体間違った理解なのです。

「インフォームド」の主体（つまり情報が与えられるその主体）**は患者**です。「インフォームドコンセント」を正確に訳すならば、「患者が情報を与えられた上で同意すること」。つまり、「インフォームドコンセント」は医療者が行うものではないのです。

以上のように、キーワードの意味を理解するだけでは不十分、もっと言うと、誤った情報で理解していることさえあるのです。

書店で見かける小論文のキーワード集は、キーワードの意味を説明しているものがほとんどです。もちろん、辞書的な使い方をするのには役立ちます。しかし、受験生がキーワードを理解し、志望理由書や小論文、面接で活かすことは正直困難です。実際、使いこなせている受験生は、僕の知る限りではほんの一部です。

そこで、「受験生が使いこなせるキーワード集が必要なのでは？」と思い、本書の執筆を行うことにしました。

本書は、いくつかの大きなテーマを立て、具体的な状況を説明します。現場感に近い、できるだけリアルな情報をもとにしています。医療の現場の状況を理解した上で、キーワードを身につける必要があるからです。つまり、入試に必要なキーワードを、**医学・医療の現状という「文脈」の中で理解しよう！** ということです。英語の単語をそのまま覚えるのではなく、実際の英語長文の中で覚える作業に似ているかもしれませんね。

また、本書は、たんにキーワードを覚えることだけを目的としません。医学・医療のさまざまな状況、課題を把握し、医学・医療について考え、語り、議論できるようになることが目的です。そうした能力が身につくことで、志望理由書、小論文、面接の際に、採点者や面接官の心をつかむことができるようになるのです。

さらに、受験だけでなく、将来医療者をめざす人間として必要な資質を、本書で養ってもらいたいとも思っています。

本書は、僕が受験生のときに、「こんな本があったらいいのに」と感じていたような内容にしたいと思い、書きました。

本書を読んで、志望理由書、小論文、面接などが楽しくなった、そして何より、志望する大学に合格できた、という受験生がひとりでも増えることを切に願っています。

2021年10月　中塚光之介

『採点者の心をつかむ　合格する小論文のネタ［医歯薬／看護・医療編］』もくじ

第一章

疾病構造の転換

第二章 医師と患者の関係

第三章

終末期医療

第四章

看護医療職の役割

第五章

地域医療

第六章 先端医療

補章 新型コロナウイルスについて

カバーデザイン:高橋明香(おかっぱ製作所)
帯イラスト:本田祐一郎
本文デザイン・DTP:ホリウチミホ(ニクスインク)
本文イラスト:坂木浩子(ぽるか)

本書の特長と使い方

本書は、医歯薬／看護・医療学部の小論文を書くのに役立つネタ、つまり知っておくべき知識について解説しています。

一見、キーワード集のようですが、たんにキーワードを覚えることが目的ではありません。本書の最大の目的は、医学・医療の現状という文脈の中でキーワード（覚えるべきキーワードは、本文中でゴシック体（太文字）になっています）を理解し、使えるようになることです。

最初から読み物として（あたかも授業を受けるかのように）読むのもいいですし、知りたい分野を選んで、そこだけを読んでもいいと思います。気になるキーワードを探し、それに関する部分だけ読むのでもOKです。

個人的には、最初から読んで、現代の医学・医療についてイメージをつかんでもらいたいと思っています。

そうすることで、小論文はもちろん、志望理由書や、面接の対策としての「使える知識」が身につきます。

第一章
疾病構造の転換

本章では、疾病構造の転換についてお話しします。
疾病構造とは、国民の多くがかかっている
病気の質と量のあり方のことです。
それが時代の流れにともない変化するというのが
「疾病構造の転換」です。
1960〜70年あたりを境にして、疾病構造が大きく変わり、
そのことが医療のあり方に大きな影響を与えました。
当然、医系学部の提出書類、小論文や面接では、
疾病構造の転換後の現代の医療のあり方を問う場合が多いわけですね。
したがって、疾病構造の転換を知ることは、
医療を学ぶ上で、最も基本になるのです。

第一章に登場するキーワード

疾病《しっぺい》構造の転換

日本では戦後すぐの時期まで、感染症が医学・医療のメインターゲットであり、急性疾患への治療が重要視されていた。

しかし20世紀後半以降、生活習慣病をはじめとした慢性《まんせい》疾患が増加。このような慢性疾患を患《わずら》う患者に対して予防を促すことが必要になってきている。

感染症

感染症とは、病原体が体に侵入して、発症する病気のこと。病原体は、細菌、ウイルス、真菌《しんきん》、寄生虫などに分類される。

病原体が侵入しても、発症する場合としない場合があり、発症するかどうかは、病原体の感染力と体の抵抗力とのバランスで決まる。

急性疾患

急激に発症し、経過の短い疾患のこと。かぜやインフルエンザのような感染症に多く、原因を特定して、それをたたくことで治療する。

慢性疾患

徐々に発症して、治療も経過も長期に及ぶ疾患のこと。生活習慣病や、腎疾患、リウマチ、アレルギー性疾患などが挙げられる。

公衆衛生

健康に関わる諸問題に集団的に対応すること。人々を集合としてとらえ、自治体や国レベルで対応策を考える。母子保健、伝染病予防、生活習慣病対策、精神衛生、食品衛生、住居衛生、上下水道、し尿塵芥処理、公害対策、労働衛生など。

生活習慣病

食事や運動・喫煙・飲酒・ストレスなどの生活習慣が、発症の原因となる疾患のこと。

がん・脳血管疾患・心疾患、脳血管疾患や心疾患の危険因子となる動脈硬化症・糖尿病・高血圧症・脂質異常症などの疾患がある。

1 20世紀前半までは「感染症対策」

感染症は因果関係が明確

医系の大学へ進学するために必要となる、志望理由書、小論文、そして面接では、医学・医療の知識がなければ対応できないのは、言うまでもありません。その知識の中ではじめにおさえたいのが、本章のテーマである**疾病構造の転換**です。

あまりなじみのない言葉かもしれませんが、医学・医療を学ぶ上で基本になる、とても重要なキーワードです。

日本では、20世紀前半まで、医学・医療のメインターゲットは**感染症**でした。僕の亡き祖母も「昔は結核や肺炎で亡くなる人が多かった」と言っていました。

そもそも西洋の近代医学は、**感染症の克服が目的**、と言っても過言ではありません。

感染症は急性疾患が多く、完治が可能なものがほとんどです。

また、**感染症**の大きな特徴は、疾患の原因と結果が一対になっていることです。

たとえば、結核菌が原因の結核の症状、インフルエンザウイルスが原因のインフルエンザの症状、というように因果関係がはっきりしているのです。

したがって、医師は、結果である症状を診察し、検査などでその原因を特定します。

そして、その原因をたたくことで、症状の改善をはかるわけです。

感染症の診察の手順

もう少し具体的に説明します。

感染症（ここでは結核）の診察の手順は以下の通りです。

患者を診察

↓

結核の症状と医師が判断
↓
検査で結核菌への感染が判明
↓
結核菌を死滅させる抗生剤を投与
↓
患者の症状が緩和

このように、原因を特定し、その原因をたたく医療のあり方を「治療モデル」と呼びます。

治療モデルは、西洋近代医学が始まって以来長い間続いてきたモデルです。

先ほど**感染症**は「20世紀前半」という限定でお話をしましたが、**感染症**は現在でも大きな問題であり続けています（新型コロナウイルスの問題を考えればすぐにわかりますね）。

したがって、われわれのなかに、「医療とは治療をすることである」という強いイメージがあるのですね。

たとえば、小学生に「お医者さんの仕事って何？」と聞いてみると、おそらく「病気の人を治すこと」と答えるでしょう。

そのくらい、われわれのなかに、この治療モデルが浸透しているのです。

「え？『治療モデル』以外にも医者の仕事があるの？」

と思った人はいますか？

答えは「あります」です。医学・医療は治療モデルだけではありません。むしろ、治療モデルは、医学・医療の一部に過ぎません。後ほど、くわしく説明しますね。

2 20世紀後半以降は「生活習慣病対策」

転換のプロセス

さて、20世紀の後半になると日本は経済成長を遂げ、先進国となります。そして、この経済成長とともに疾病構造は大きく変化します。

日本の戦後のように経済的に豊かになっていくと、まず、**公衆衛生**が向上します。結果として、**感染症にかかる可能性が低くなります**。

たとえば、だれもが殺菌・消毒された水道水を使えるようになれば、感染のリスクが著しく下がりますね。

次に、多くの人が、栄養価の高い食物を摂取できるようになります。すると、免疫力の高い人が増え、感染しても発症しない、もしくは、感染しても軽症の場合が多くなります。

さらに、医学・医療が発展します。仮に感染症が重症化しても、高度な医療によって、死亡する人の数は激減します。

公衆衛生の向上、栄養価の高い食物の摂取、医学・医療の発展、以上の3つの要素によって、日本のような先進国では長寿化が進みます。

日本人の平均寿命は、戦後すぐの1947年は50歳程度でしたが、現在では80歳を超えていますね。こうした状況のなかで、医学・医療のメインターゲットは**感染症**から**生活習慣病**に変わったのです。

原因は「生活習慣」と「遺伝的要因」

生活習慣病とは、がん、心疾患、脳血管疾患など、死因となりうる疾患に加えて、糖尿病、高血圧症、脂質異常症、高尿酸血症、骨粗鬆症《こつそしょう》など、食事・運動・飲酒・喫煙・ストレスといった、**生活習慣が発症の大きな原因となる疾患**のことを言います。

長年の日常生活によって引き起こされるため、サイレントキラーとも呼ばれ、本人が気づかないうちに進行するのです。

生活習慣病の原因は、もちろん生活習慣という環境的要因ですが、**遺伝的要因もある**と言われています。

環境的要因は、ある程度制限することができます。しかし、タバコを50年吸っても肺がんにならない人もいますし、逆に吸わないのに肺がんで亡くなる人もいます。つまり、完全に環境的要因でコントロールすることはできないわけです。

また、遺伝的要因も、単一因子が原因になっているわけではありません。遺伝的要因が複雑に絡み合い、また環境的要因とも関係し、発症するかどうかが決まります。

治療モデルの限界

生活習慣病は、複数の原因が絡み合うことが多いため、疾患の原因を特定することが難しいと言えます。**感染症**のように、原因を特定して、たたくという治療モデルは通用しません。つまり、**生活習慣病**は**完治が困難な慢性疾患**なのです。

もっと言えば、**一生複数の疾患を持ちながら生きていく**ことになります。もしかしたら、将来は遺伝子治療などが可能になるかもしれませんが、難しいというのが現状です。

予防モデルとは？

では、**生活習慣病**に対し、現代の医学・医療はどのような対策を行っているのでしょうか？　基本的には、以下の3つです。

①環境、つまり生活習慣をコントロールする。【1次予防】
②健康診断で早期発見、早期治療を行う。【2次予防】
③再発を防止する。【3次予防】

これらを、先ほどの「治療モデル」に対して、「予防モデル」と言います。
では、この予防モデルについてくわしく見てみましょう。

3 予防モデルの医療

生活習慣病と自己決定

生活習慣病は予防モデルが有効な対策です。

それでは一例として、糖尿病という疾患についてお話しします。

糖尿病を発症すると、まず行うことは食事制限です。血糖値の上昇を抑えるため、糖質の摂取を控えるわけです。

これは、治療というよりは、**「自分で自分の体を管理する」**という表現が近いですよね。日常生活の中で自分で行う、つまり「自己決定」により自身のケアを行うのです。

しかし、病状が悪化していくと、血糖値を下げるためにインスリンを自己注射しなければなりません。

これも日常生活の中における、ある意味、自己決定によるケアです。

さらに悪化が進むと、人工透析《とうせき》が必要になります。

これは当然、病院での治療なのですが、週3回、1回4時間もかかります。日常生活において大きな負担になります。

もうおわかりですよね。糖尿病のような**慢性疾患**、なかでも**生活習慣病**は、治療だけではなく**日常生活における自己決定が必要**なのです。

日常生活の中で自己決定を行うことで、自分自身をケア（予防）するということですね。

予防モデルの3段階

先ほど少し紹介しましたが、予防には、1次予防、2次予防、3次予防の3つの段階があります。以下、簡単に説明します。

①疾患が発症しないよう、食事、睡眠、運動など、日常生活のなかで予防すること。【1次予防】

②健康診断を受けることで、早期発見、早期治療を行い、疾患の進行を防ぐこと。【2次予防】

③再発防止のため、日常生活の中で予防することや、リハビリを行うことで、生活の質を維持すること。【3次予防】

先ほど例に挙げた糖尿病は、3次予防にあたります（2次予防を行った上で）。

この3つの段階をまとめて、予防モデルと言います。現代の医学・医療における大変重要なキーワードですので、しっかりおさえておきましょう。

第一章に登場したキーワードのまとめ

- 日本において、20世紀前半までは、医学・医療のメインターゲットは**感染症**をはじめとした**急性疾患**であった。
- しかし、**公衆衛生**の充実、栄養価の高い食物の摂取、医学・医療の進歩によって**急性疾患**で亡くなる人は減り、長寿化していった。
- 20世紀後半は、**生活習慣病**をはじめとした**慢性疾患**が、医学・医療のメインターゲットとなってきた。
- こうした変化を**疾病構造の転換**と言う。
- **慢性疾患**は完治が困難なため、治療モデルが通用せず、予防モデルが必要になる。
- 医療者は、患者の自己決定のサポートを行わなければならない。

第一章のまとめ【穴うめをしてみよう!】

〈~20世紀前半〉

□

・□疾患
・完治可能
・因果関係が明確
・原因をたたく
← 治療モデル（キュア）

▼

・□の向上
・栄養価の高い食事
・医療の充実

▼

〈20世紀後半~〉

□

・□疾患
・完治が困難
・因果関係が不明
・原因をたたけない
← 予防モデル（ケア）

第一章のまとめ【答え】

〈～20世紀前半〉

感染症

・急性疾患
・完治可能
・因果関係が明確
・原因をたたく
← 治療モデル（キュア）

▼

・公衆衛生の向上
・栄養価の高い食事
・医療の充実

▼

〈20世紀後半～〉

生活習慣病

・慢性疾患
・完治が困難
・因果関係が不明
・原因をたたけない
← 予防モデル（ケア）

関連キーワード解説

細菌・ウイルス

細菌とウイルスは、どちらも人間に感染症を引き起こす微生物。しかし、細菌とウイルスはその大きさや増殖能力の有無など、さまざまな違いがある。以下、その違いを示す。

細菌

・細菌は細胞を持ち、自己複製能力を持った微生物。
・大きさは、通常1㎜の1000分の1の単位（マイクロメートル（μm））が用いられる。光学顕微鏡で見ることができる。
・栄養と水があり、適切な環境のもとでは、自分自身で増殖できる。
・一般的に抗生物質（細菌の細胞などを攻撃する薬）が有効。

ウイルス

・たんぱく質の外殻、内部に遺伝子（DNA、RNA）を持っただけの単純な構造。
・細菌のように栄養を摂取してエネルギーを生産するような生命活動は行わない。
・大きさは、細菌よりもはるかに小さくμmのさらに1000分の1の単位（ナノメートル（nm））が用いられる。
・見るには電子顕微鏡が必要。
・ウイルス単独では生存できない。自分自身で増殖する能力がなく、生きた細胞の中でしか増殖できないので、他の生物を宿主にして自己を複製することで増殖する。

ウイルスにとって、他の個体（細胞）へ感染させ続けることが生き残るための必須条件である。

・抗生物質は効かない。一部インフルエンザウイルスなどに有効な抗ウイルス剤（ウイルスの増殖を抑制する薬など）がある。ワクチンは、無毒化したウイルスなどを体内に入れて免疫力を高め、実際に感染したときに急激なウイルス増殖を抑制する。

第一章で扱った内容は、
小論文を書くための
前提知識。何度も
読み返そう！

第二章

医師と患者の関係

疾病構造が変わると、医師と患者の関係も変わります。
20世紀前半までの急性疾患を治療する医学・医療と、
20世紀後半以降の慢性疾患をケアする医学・医療では、
医師の役割が異なるということです。
小論文、面接などで受験生に問われるのは、
まさに20世紀後半以降の、現代の医師と患者の関係なのです。
現代の医療現場で、医師はどう振る舞うべきか?
これが今の入試で最も問われるテーマなのです。

第二章に登場するキーワード

パターナリズム

強い立場にある者が、弱い立場にある者の利益のためだとして、本人の意思は問わずに、介入・干渉・支援することを言う。

親が子どものためによかれと思って行うことが本来の意味。もっぱら医師と患者の関係を表す際に使われる用語。

インフォームドコンセント

まず、患者・家族が病状や治療について十分に理解すること。

さらに、医療職側も、患者と家族の考え、患者をめぐるさまざまな状況、説明内容をどのように受け止めたか、どのような医療を選択するかなどを理解すること。

そして、患者と家族、医療職、ソーシャルワーカーやケアマネジャーなど関係者と互いに情報共有し、みなで合意形成するプロセスである。

理解的態度

コミュニケーションの方法で、相手に対して受容的、共感的な姿勢でのぞみ、相手を理解しようという態度のこと。

医師をはじめとした医療者が患者に対してとるべき態度である。

全人的医療

特定の疾患や部位に限定せず、かつ、患者の心理や社会的側面なども含めて幅広く考慮し、それぞれの人にふさわしい、総合的な疾病予防や診断・治療を行う医療。

1 20世紀前半までは上下関係

お医者さんはエラい？

前章でお話ししたとおり、20世紀前半までは医療のメインターゲットは感染症でした。したがって、医師の仕事はほとんど患者の病気の治療（キュア）でした。治療さえすればいい、という場では医師と患者の関係は上下関係であり、医師は患者に指示を与え、患者はその指示にしたがえばOKでした。

この関係性においては、医師は患者に病気の情報をくわしく伝えることはしません。

とくにネガティブな情報は伝えないため、**患者自身が治療方法について判断する機会はない**のです。

治療方法などはすべてを医師が決め、患者の治療に全力であたるのです。

自分の体に関わる重要な決定を他人が行う。みなさんはどう思いますか？　ほんの少し前までは、これが医療現場の常識でした。

ありていに言えば、医師は偉い、病気のことなら何でも知っている、だから**素人である患者はプロである医師にしたがえばいい**、という理屈です。

患者には父親のように接する

医師と患者の完全な「上下関係」。このような関係を「**パターナリズム**に基づいた医師と患者の関係」と言います。「**パターナリズム**」の「パター」は、ラテン語で「父親」を意味する「パテル」が語源です。日本語で言うと「父権主義」と訳すことになるでしょうか。なじみのない言葉かもしれないので少し説明します。

一般的に父親は幼い子どもを慈《いつく》しみ、その子の幸せを最大化するために行動するでしょう。そして、そのときどきの判断は父親自らが行い、その判断に基づいて行動します。つまり、子どもに選ばせることは一切ありません。

たとえば、「お父さんは、お前に財産を残してやりたいが、ローンを組んで家を買ってもいいいか?」と、幼いわが子に相談することはありませんよね。家を買うか買わないかは、父親自身が判断して、行動するわけです。

つまり医師は、**父親が幼いわが子に接するように患者に接する**のです。こうした医師と患者の関係を「**パターナリズム**に基づいた関係」と言うわけです。

20世紀前半までの感染症をターゲットにした医療では、このような「上下関係」に基づき、疾患を治療するというスタイルが有効だったのです。

2

20世紀後半以降は対等な関係

患者のサポートが医師の役割

20世紀後半に入ると、医療のターゲットは生活習慣病に移っていきます。その変化にともない、医師と患者の関係も大きく変わります。

生活習慣病は原因の特定が難しいため、完治が困難です。そのため、医師と患者の上下関係に基づいた治療モデル（キュアモデル）が通用しにくくなったのです。

前章でお話しした糖尿病の例を再び。

糖尿病患者は、食事制限やインスリンの自己注射、人工透析など、日常生活の中で多くの「自己決定」が必要となることはすでに触れました。

生活習慣病は、医師による治療だけではなく、患者本人によるケアが重要です。ですから、**医師の役割は、日常生活で自己決定する患者のサポートが中心**となるわけです。

患者ごとに異なるケア

医師と患者が上下関係のままでは、日常生活の中でのケアを効果的に行うことはできません。日常生活は患者によって違うからです。

病気を治療するだけであれば、その診断や治療はどの患者でもほぼ同じです。しかし、生活習慣病のような慢性疾患においては、患者個々に異なった対応が必要なのです。

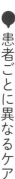

このような状況になると、医師と患者の関係はできるだけ対等であることが求められます。なぜなら、患者との**対等な関係で生じるコミュニケーションが、患者の生活の様子や人生の情報を得るための最短、かつ、最良の手段**だからです。

患者とのコミュニケーションにおいて最初に医師がすべきことは、患者の話を聴くことです。医師が自分から意見をする前に患者の話を聴くのです。つまり「傾聴」です。

医師は患者の話を目を見ながら聴き、時折うなずき、相槌《あいづち》を打ち、おうむ返しをします。このように、積極的に相手の話に耳を傾ける姿勢を、「**理解的態度**」と言います。さらに、この理解的態度に基づく医師と患者の意思疎通を、「非指示的コミュニケーション」と呼びます。

医師と患者がこのようなコミュニケーションを続けると、患者は自然と、話をきちんと聴いてくれる医師に信頼感を抱きます。

一方医師は、患者のふだんの生活の様子や、これまでどのような人生を過ごしてきたか、などの情報（人間的な面）を得ることができ、**患者本人への理解が深まります**。

また、患者は、自分のことを話し、医師に聴いてもらうことで、それまではバラバラに記憶していた自分の情報が整理され、自己理解が深まります。つまり、**患者として成長する**わけですね。成長した患者に対して、医師もまた患者への信頼感を抱きます。

患者のすべてを診る医療

このようなプロセスを経ることで、医師と患者の間に信頼関係が生じ、医師は患者に治療やケアの方針を提案することができます。患者はその提案に対して自己決定を行います。

このやりとりをくり返し、医師（やその他の医療者）と患者の間で、合意形成がなされます。その結果、治療やケアが具体的に進むのです。

以上のような状態を、「**インフォームドコンセント**の成立した状態」と言います。

このように、生活習慣病のような慢性疾患には、「人間を診る医療」が求められます。これを**全人的医療**と呼びます。患者が主体なので**「患者中心の医療」**とも言われています。

インフォームドコンセントは、患者の同意を得るために医師が説明すること、と理解されがちです。しかしそれでは、正確な理解とは言えないでしょう。

後々、医師と患者の間で裁判にならないよう同意を得るだけの行為、つまり医師側の「リスクヘッジ」ととらえてしまうおそれがあります。

しかし、**インフォームドコンセント**は、この章で説明した通り**医師と患者の積極的な意思疎通であり、患者が納得した上で治療やケアが行われる**のです。

また、「はじめに」でお伝えしましたが、**インフォームドコンセント**という用語を使う際には以下のことに注意してください。

インフォームされて（情報を与えられて）同意をするのは患者です。

つまり、「医師が患者から**インフォームドコンセント**をとる」「**インフォームドコンセント**の成立をめざす」が正しい使い方です。

受験生が書いた小論文の添削をしていると、「医師が**インフォームドンセント**を行う」という表現をよく見ます。不合格になるような類の間違いではないのですが、採点者が見ると、「この受験生は理解が不足している」という印象を持たれてしまうかもしれません。これは、とてももったいないことです。

逆に正確な表現ができれば、小論文や志望理由書、面接でよい印象を与えることができるはずです。ぜひ正しく使えるように覚えておいてくださいね。

3 医師と患者の理想的な会話とは？

医療現場で必要なのは「支持」と「共感」

医師と患者の対等なコミュニケーションについて、さらにくわしく見ていきましょう。

これまでお話ししてきたことが前提になるので、少しまとめます。

- 【患者の語り】↓病気をめぐる自分の生活や人生について語る。

- 【医師の語り】↓「目を見て話す」「うなずく」「相槌を打つ」ことで、患者の話をきちんと聴いていることや、理解、共感しようとしていることを

伝えることができる。「おうむ返しをする」ことで患者の語りを確認し、要約することができる（患者の自己理解につながる）。

このようなコミュニケーションを行う際に大切なのが、「**理解的態度**」や「共感的態度」です（実際に小論文や志望理由書に書くときには、「傾聴」「理解」「共感」などの用語を使いましょう）。

ここで、医師と患者の適切なコミュニケーションについて具体的に知るために、カウンセリングにおける態度を用いてみたいと思います。まず、カウンセリングにおける態度を5つに分類しました。そして、それぞれの態度を、医療における臨床のシチュエーションにあてはめてみました。

それぞれの態度を医師がとった場合、患者にどのような印象を与えるか。ネガティブな印象を与えてしまう態度には「×」、ポジティブな印象を与える態度には「○」をつけました。

では、見てみましょう。

- **評価的態度**（患者に対して善悪の判断などを下す）

患者：検査が怖いです。不安です。

医師：子どもでもできる検査です。心配は無用です。

↓

×

- **解釈的態度**（患者の症状に対して一方的に理由をつける）

患者：最近、体が疲れやすいです。

医師：お酒の飲みすぎでしょう。

↓

×

- **調査的態度**（患者に配慮せずに私的なことを詮索《せんさく》する）

患者：家族は夫と子どもが2人です。

医師：ご家族の間で、何か問題になっていることはないでしょうか。

↓

×

●支持的態度（患者の考えや行動を認めて支持する）

患者：食事制限をしています。ですが、なかなか体重が減りません。

医師：つらい食事制限をよくがんばっていますね。体重が増えなくなりましたね。体重のこと以外にも何か不安はありませんか。

↓

○

●共感的態度（患者の立場に立って理解するように努める）

患者：私はがんではないかと思うのですが。

医師：そうですか。がんではないかと思うのですね。

患者：はい、こんなに早く悪くなっていくのはがん以外に考えられないと思います。

医師：なるほど、たしかに経過が長くなっていますから、そのようにお感じになるのも無理はないですよね。できれば、もう少しお話をお聞かせください。

↓

○

いかがでしょうか。

医師が「評価的態度」や「解釈的態度」では、患者はそれ以上何も言えなくなってしまいます。会話が途切れてしまい、続きません。

「調査的態度」も、患者側がこの医師は何を聞きたいのだろうか？　と疑心暗鬼になる可能性があります。いずれも**インフォームドコンセント**が成立した状態にはほど遠いですね。

それに対して、「支持的態度」と「共感的態度」では、会話が継続しやすいため、患者が思っていること、考えていることを引き出すことができる可能性が高くなります。

○をつけてお示ししたように、医療の臨床で不足しがちな態度、言い換えると、医療現場でとくに必要とされている「態度」は、「支持的態度」と「共感的態度」です。これも、小論文や志望理由書を書く際にとても役立つ知識なので、ぜひおさえておきましょう。

第二章に登場したキーワードのまとめ

- 20世紀前半までは、**パターナリズム**に基づいた医師と患者の関係だった。
- そこでは、疾患を治療するために医師が主体となって医療が進められた。
- 20世紀後半になると、慢性疾患の患者のケアが医療の中心となった。
- そのため、医師と患者の関係は対等である必要があり、医師は患者の生活や人生の情報を得る必要が出てきた。
- 医師は、患者に対して**理解的態度**でコミュニケーションを取り、信頼関係を築く必要がある。
- そのことで**インフォームドコンセント**を成立させ、患者の自己決定を導き出すべきだ。
- このような医療のあり方を患者中心の医療と呼ぶ。患者それぞれの人生を診る**全人的医療**が求められている。

インフォームドコンセントは、
患者が納得した上で
治療やケアをすることだね

第二章のまとめ【穴うめをしてみよう！】

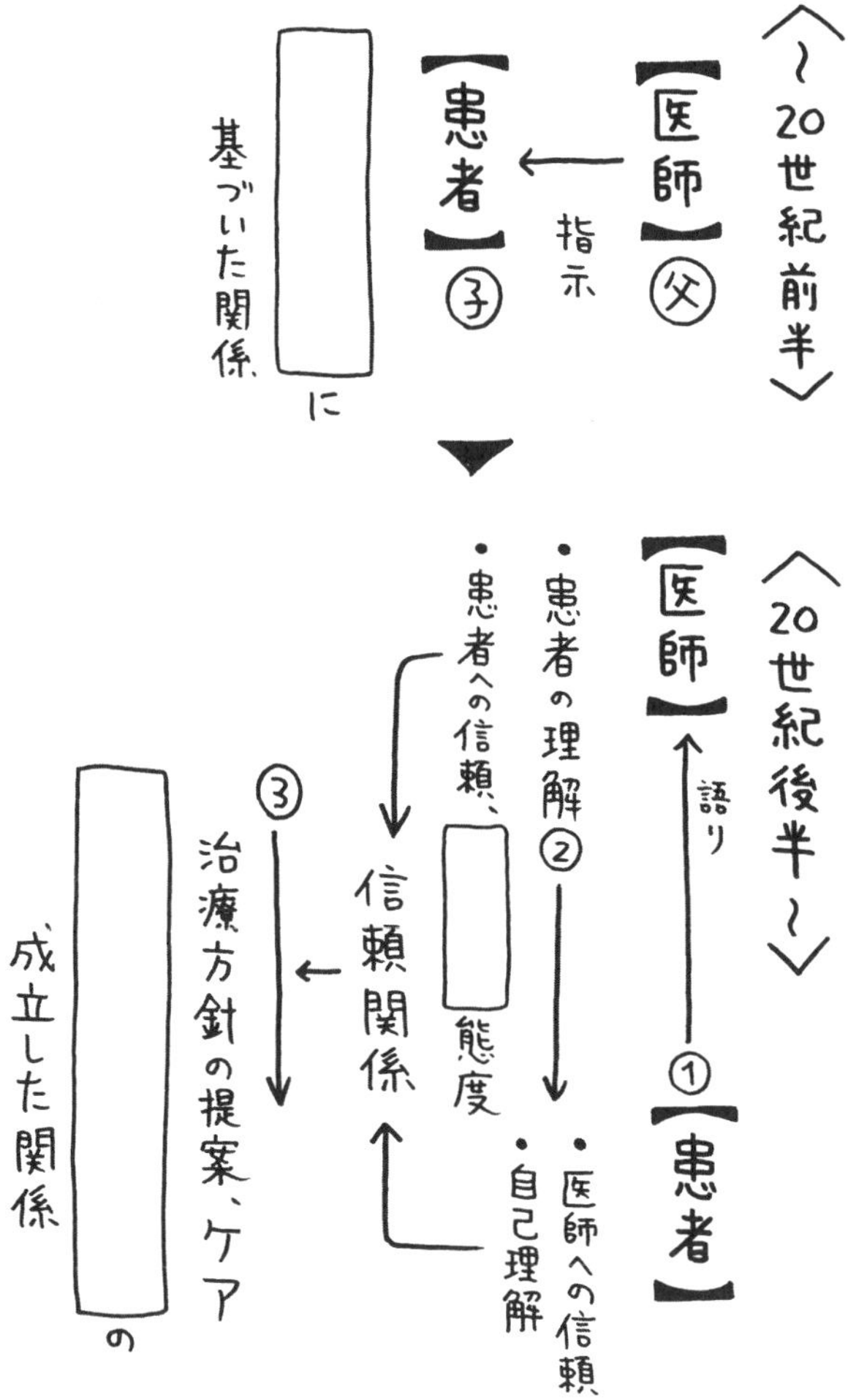

第二章のまとめ【答え】

〈〜20世紀前半〉

【医師】（父）

↓ 指示

【患者】（子）

パターナリズムに基づいた関係

▼

〈20世紀後半〜〉

【医師】 ←語り― ①【患者】

・患者の理解② → ・医師への信頼、・自己理解

・患者への信頼、理解する態度

→ 信頼関係 ←

③ → 治療方針の提案、ケア

インフォームド・コンセントの成立した関係

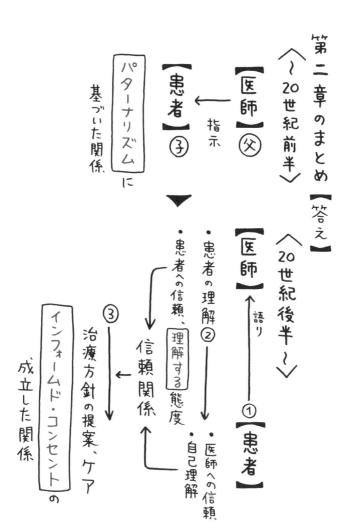

関連キーワード解説

医療面接

かつては、問診や病歴聴取という言葉が使われていたが、初診時のコミュニケーションでのおもな目的が、次の3項目に集約され、その目的のために医療面接という言葉を用いるようになった。

・情報収集：病歴を知る・患者を知る
・医師と患者の関係の確立：信頼関係の構築・プライバシーの保持・感情面への対応
・患者教育と動機づけ：患者への情報提供・診療の方針の伝達・交渉・合意

また、医療面接には、次の諸段階がある。必ずしも順を追うことはない。

①開始：あいさつと自己紹介／面接の目的の確認と同意／緊急性の有無／緊張をほぐす
②主訴と現病歴：最初は自由度の高い質問で／患者にストーリーを話してもらう／続いて症状に関する情報の補充／確認や要約
③信頼関係の確立：感情に焦点を当てる／解釈モデル／受療行動や受診の動機
④全体像の把握：点検項目（食欲・体重・便通・睡眠・気分など）／ADL（日常生活動作）・QOL（生活の質）
⑤既往歴・家族歴・患者の背景：何のために聞く必要があるのかを伝える
⑥次の段階への導入：現時点の見立て／次の段階の説明／提案・調整・動機づけ／言い忘れたことはないか

COLUMN 1

毎晩、薬を飲まなければいけないのにどうしても忘れてしまうという、高齢の女性がいました。

その薬を長く飲まないでいると命に関わるということで、医師は薬の重要性を説明し、何度も女性に注意しました。それでも忘れてしまうというのです。女性の家族も困り果て、その結果、担当の医師を変えることにしました。

次の医師は、女性を注意するどころか、女性の日常生活について雑談を続けるだけでした。家族は不審に思いました。

その医師は、

「〇〇さんは寝る前に必ずミルクを飲むんですね。そのときに薬を飲んだら忘れないのではないでしょうか？　どう思われますか？」

とアドバイスをしました。

女性は、

「それならば忘れないかもしれない。やってみようかな」

と明るく答えました。

そしてなんとその日から、薬を飲むことを忘れないようになったのです。

後任の医師は、患者の日常の中で服薬を考え、さらに患者本人に決めさせたので、患者の行動を変えることができたのです。

逆に前任の医師は、もちろん患者のことを考えていたというのは大前提ですが、医学的な文脈の中で医師の決定を押し付けていた、という側面がありました。

これは、医療者と患者のコミュニケーションの重要なポイントです。

患者の話をきちんと聴き、患者の人生や生活を知ることで、患者の日常的な自己決定を引き出したのです。

実はこのエピソードは、ある大学の小論文の課題文です。印象的な問題だったので紹介しました。

エドワード・L・デジ＆リチャード・フラスト著、桜井茂男監訳『人を伸ばす力―内発と自律のすすめ―』（新曜社）より引用の上要約

第三章

終末期医療

有効な治療方法がなく、回復が望めない患者に対して、苦痛を与える
延命医療を中止し、
人間らしく死を迎えるためのケアを「終末期医療」と言います。
たとえば、末期がんでは、治療ができない状態になってから、
数ヶ月、数年という長い時間を生きなければならないことがあります。
したがって、医師（とその他の医療者）は、積極的に治療できなくとも、
最期までケアを続けなければなりません。

第三章に登場するキーワード

QOL

QOL＝Quality of life（クオリティ　オブ　ライフ）は「生活の質」「生命の質」などと訳され、患者の身体的な苦痛の軽減だけでなく、精神的・社会的活動を含めた総合的な活力、生きがい、満足度といった意味。

治療を受けている患者は、さまざまな副作用に悩むことがある。しかし、そのような中でも、いかに自分らしい生活を送るかといった点に着目し、その質を高めることを「QOLの向上」と言う。

慢性疾患の増加や、終末期医療の普及にともない、患者のQOLが重視されるようになった。たとえば、治療効果は高いが副作用が大きい治療を選ぶか、治療効果はあまり高くなくても副作用が小さく体に負担の少ない治療を選ぶか、という治療方法の選択を行う際に、患者のＱＯＬが重要な要因となる。

延命治療

回復の見込みがなく、死が数日後、あるいは数時間後にせまっているような患者に対して、人工呼吸器などの生命維持装置をつけたり、心肺蘇生（心臓マッサージや人工呼吸）などの処置を行ったりすること。

胃ろうや、中心静脈栄養など、人工的に栄養を補給することで、長期間生き続ける場合もあり、そのことも延命治療とよぶ。

尊厳死

人生の最終段階において、過剰な延命治療をせず（開始せず、もしくは中止する）、自然な経過に任せた先にある死のこと。

早期から十分な緩和ケアを提供することが重要（「何もしないこと＝尊厳死」ではない）。自然死、あるいは平穏《へいおん》死は近い意味の用語。

ターミナルケア

患者本人が治療をやめる決断をし、病気による苦痛や不快感を緩和し、精神的な平穏や充実した生活をめざすケア。

患者の生活の質（QOL）を大切にし、QOLを維持しながら、がんにともなうつらさをやわらげたりする治療やケアを行うことを指す。

死の受容

人間は死を目の前に突きつけられると、5つの段階を経て、死を受け容れるとされている。キューブラー・ロスという学者が提唱。「受容5段階」と呼ばれ、死に向かっていく大切な過程とされる。

5段階は順に、以下の通り。

「否認・孤立」：自らに死がせまっていることを否定して、医師や医療機関の検査が間違っていると感じる状態。

「怒り」‥死に対して否定し続けても無理だと思うと、なぜ自分が死ななければいけないのかと怒りの感情が生まれる。他にも恨みの気持ちをはじめ、外部に対して感情を吐露《とろ》する期間へ入る。

「取引」‥自分の行動ひとつで生死が決まるのではないかと思い、徳を積むような行為をする。

「抑うつ」‥快方に向かうための努力をしても病状が改善しない場合、喪失感《そうしつ》が強くなり、うつのような症状が出てくる。

「受容」‥死に対して抵抗する気持ちもなくなると憔悴《しょうすい》し、感情がなくなる。最終的には今の状況から解放されたいという気持ちを抱く人が多くなる。

このような死の受容ができるように、医療者は、終末期の患者をケアしていく必要がある。

1 20世紀前半までは「延命治療」

延命至上主義

1960年代までは、疾患の状態がどのようなものであれ、**延命治療**を施すというのが当たり前でした。いわゆる「延命至上主義」です。**患者がどのような状態であれ、とにかく延命をする、命を救う。**これが1960年代までの医療の姿でした。

20世紀前半までの医学・医療は、このように、命を救うことを最大の目的としたことで飛躍的に発展し、実際に多くの命を救うことができるようになりました。

延命治療の方法は、大きくわけて2つあります。

「長期的な**延命治療**」と「短期的な**延命治療**」です。

まず、長期的な**延命治療**からお話しします。

長期的な延命治療

長期的な延命治療は、以下の2つの方法について説明します。

・胃ろう：お腹に小さな穴を開けて胃までチューブを通し、そこから栄養を摂る方法。人は食物を摂取できなくなれば数週間で死んでしまうが、病気で口から食べられなくなったとしても、生きていくことが可能になる。

・中心静脈栄養：鎖骨の下あたりにある中心静脈にむけてカテーテルを刺し、そこから栄養輸液を注入して栄養摂取する方法。消化器に異常があって、胃ろうができない場合でも、生きていくことが可能になる。

これらによって、それまでは食事が摂れずに衰弱死していた患者が助かり、一定の期間生き続けることができるようになったのです。

短期的な延命治療

では次に、短期的な**延命治療**についてお話しします。

この短期的な延命治療は、「蘇生」をイメージするとわかりやすいでしょう。

- **心臓マッサージ**：呼吸が止まり、心臓も動いていないと見られる人に対して、再び心臓を動かすために、胸骨を圧迫すること。
- **AED**：自動体外式除細動器のこと。心臓がけいれんし、血液を流す機能を失った状態（心室細動）になった心臓に電気ショックを与え、正常なリズムに戻すための機器。
- **アドレナリン**：心停止時に投与する薬剤。心拍数や血圧を上げ、瞳孔を開きブドウ糖の血中濃度（血糖値）を上げる作用がある。

- **気管切開**：喉から気道までの一部を切開し、チューブを入れて呼吸をしやすくすること。
- **人工呼吸器**：呼吸不全の患者に、肺への空気の出入りを補助するために用いる機器。

長期的・短期的な**延命治療**によって、助かる命は確実に増えました。
少し言い方を変えると、また、見る角度を変えて表現すると、人は「なかなか死なくなった」、もっと言うと、「自然に死ぬことができなくなった」のです。

延命治療の光と影

延命治療によって、これまで亡くなっていた患者が生き延びることが可能になりました。多くの人が延命治療の恩恵にあずかったことは、紛《まぎ》れもない事実です。
しかし一方、**病気に苦しみながら生き続けなければいけない患者が増えた**のも、また事実なのです。人を助けるための医学・医療が、病気をいくつも抱えて、多くの薬剤を投与され、機器につながれたまま、生かされ続ける人をたくさん生み出したのです。

2 尊厳死とは？

人間らしい最期

延命治療は、多くの人の命を救いました。

しかし一方で、多くの薬剤が投与され、医療機器とチューブにつながれたまま苦痛にあえぎ続け、意識レベルが低いまま、生き続けなければならない患者も少なくありませんでした。

「ムダな延命」と呼ばれることもあったのです。

「ムダな延命」（本当に「ムダ」かどうかは、わかりませんが）を行うことは、患者の**ＱＯＬ**（クオリティ・オブ・ライフ）を著しく低下させます。

ＱＯＬが低下するということは、イコール、人間らしい最期を迎えられない、ということです。このようなＱＯＬが低下する医療への批判から、**尊厳死**という概念が生まれました。

尊厳死とは、人生の最終段階において過剰な延命治療を行わずに、**自然な経過に任せた先にある死**のことです。

自然死、あるいは平穏死とも呼ばれます。

尊厳死するために

尊厳死を望む患者は、過剰な延命処置を拒否し、安らかな死を望むことを、あらかじめ意思表示しておかなければなりません。

人間としての尊厳を保ちつつ死を迎えることを選択し、周知徹底する、ということです。

医師は、患者の人間としての尊厳を最大限に受け止めます。

場合によっては、ただ延命をはかるだけの処置を差し控え、安らかに人生を終える選択を与えることになります（延命を行う選択も含みます）。

何よりも、患者の希望を尊重することがポイントです。

ちなみに、「安楽死」＝「**尊厳死**」と理解している受験生が多く見受けられますが、これは厳密に言うと間違いです。

安楽死は、末期患者の苦痛を除去し、「死期を早める」ことを目的としています。それに対し、**尊厳死**は、死期の引き延ばしをやめることが目的です。死期を早めるための医療行為は行いません。人間としての尊厳が保たれているうちに、自然な死を迎えることができるように、という考えから生じた概念なのです。

このように、死の迎え方は患者自身が決めることが一般的になりました。

しかし医師は、**患者の命を救いたい思いと、患者の意思決定を尊重したい思いとの間で悩む**ことが多い、と言われます。

したがって、患者と医療者が十分な信頼関係を築いていることが必須になります。

現在では、患者の意思を尊重する医療が当たり前になっていますが、それにともない、新たな課題が生まれているわけです。

3 20世紀後半以降は「終末期医療」

「最期」のあり方は患者が決める

20世紀後半、とくに1970年代以降、**尊厳死**という概念が生まれました。**延命治療**を行うか（続けるか）、治療を行わずに（中止して）自然な経過に任せた死を選択するか、**患者本人が意思決定することができる**ように変化しました。

そこで、治療による病気の回復が困難な中、**延命治療**を行わず、その人らしい最期を迎える医療、つまり**終末期医療**が注目されるようになってくるわけです。

病気や老衰で余命がわずかな人たちの残りの人生を、充実した豊かなものにするケアを、患者自身が望むケースが増えてきたのです。

「終末期医療」の問題点

患者が助かる見込みのない状況になった段階を、「終末期」と言います。

終末期の医療の選択は、原則として、本人の意思が尊重されます。

そして、終末期の医療において一番大切なことは、**生前の意思表明の有無**です。しかし、終末期においては、患者自身に意識がない、あるいは意識があっても判断力がない状態のことが多いのです。その場合は家族にその判断を任せることになります。

しかし、ここに問題が生じるわけです。

患者本人や家族が、終末期をどう過ごすのかを決めかねる、というケースが多いのです。以下に、その理由を示します。

- **終末期となったときにどうするのかを、個人で考えたり家族間で話し合ったりすることがほとんどないため、患者本人も家族も判断ができない。**
- **患者や家族が終末期の状態について医師から説明を受けても、治療の内容やその意**

味、回復の可能性などを理解しにくく、家族としても患者に代わって方針を決定するには精神的負担が大きい。

- 終末期の定義も曖昧《あいまい》であり、さらに医療者と患者・家族が、治療方針などを相談する場が必ずしも保証されてきたわけではなかった。
- 終末期において、患者の意思を実現できるような仕組みが、必ずしも保証されてきたわけではなかった。

このような状況では、患者本人がリビング・ウイル（「平穏死」「自然死」を望む方々が、自分の意思を元気なうちに記しておくこと〔公益財団法人　日本尊厳死協会ホームページより〕）を作成することは難しいでしょう。また、家族が代理決定することも困難となり、結果として、患者本人や家族の意思に反した医療が提供されることになりかねないのです。

4 終末期におけるケアの種類

終末期のケアを区別する

終末期医療には、ケアの種類がいくつかあります。以下でその違いを確認しましょう。

なぜ、あえて確認する必要があるのか。それは、それぞれのケアは、似ているところが多いため、ごちゃごちゃになっている受験生が多いからです。この機会に、違いをしっかりおさえておきましょう。

終末期医療

治療による病気の回復が困難で、過剰な延命治療を行わずその人らしい最期を迎え

ることをめざす医療

ターミナルケア

患者本人が治療をやめる決断をし、病気の症状などによる苦痛や不快感を緩和し、精神的な平穏や充実した生活をめざすケア

緩和ケア

がんなどの病気の痛みを取り除きながら、あくまでも病気を治療する行為の一環として、病気治療と並行して行われる（積極的な治療が行われない場合もある）医療

終末期医療と**ターミナルケア**は、ほとんど同義で使用されることが多いので、みなさんが、小論文、志望理由書、面接で、これらの医療ケアについて書いたり、話をしたりする際、厳密に区別して使う必要はありません。

しかし、違いがわかっていることで、小論文や志望理由書の「精度」が上がり、採

点者である大学の先生は、「この受験生は医療への理解が深い」と感じることがあります。

たとえば、「緩和ケア」を使用する際、たんに「患者の痛みを取るケア」と理解している受験生と、「苦痛を取り除きながら、治療を進める」と理解している受験生の小論文、志望理由書には、プロである大学の先生から見ると、大きな違いがある、ということです。

このようなちょっとの「差」が結果に影響することもあるので、面倒くさがらずにおさえておくことが大切です。

「終末期医療」と「ターミナルケア」

終末期医療と**ターミナルケア**は、定義の違いこそあれ、行われるケアの方法はかなり似ています。根幹のところで分類すると、両者のケアは以下の3つです。

身体的ケア

痛みを薬でコントロールするケア。

他にも、栄養補給のための食事内容を考えること、経管栄養（管で胃や腸へ栄養を送る）の検討すること、体を清潔にすることも身体的ケアということができる。

● **精神的ケア**
どこで療養しても、ふだんと変わらない生活ができるようなサポートをするケア。

患者がリラックスできる環境で、患者が満足できることが重要。また、患者の家族や友人が近くにいると精神的な安定につながる。患者に孤独感や孤立感を与えないことがポイントとなる。

● **社会的ケア**
療養にかかる金銭的負担を軽減するケア。

病院でも在宅でもターミナルケアをするにはお金がかかる。金銭的な負担は自治体によって異なるが、助成金や補助金で対処できることもある。そうした不安を軽減させることが重要。

5 死の受容

スピリチュアルケア

終末期医療＝**ターミナルケア**において、患者は、困難な病気に直面し、生きることそのものに疑問を抱くようになります。

自らの人生の意味、死への恐怖などについて苦しみを抱くのです。

これらをスピリチュアルペインと呼びます。このスピリチュアルペインを、身体的な疼痛《とうつう》と同様に癒していくことをスピリチュアルケアと呼びます。

スピリチュアルケアを直訳すると、「霊的ケア」「魂のケア」となります。霊視や霊感をイメージするでしょうか？　そうなると医療とは別の領域と思えますが、実はそうではありません。

スピリチュアルケアとは、**自分の存在意義や、生きる意味に関する不安や恐れに対してケアを行う**ことです。

「私の人生の意味は何だったのだろう」「何も悪いことはしていないのに、なぜ私がこのような病気になるのだろう」「私がこれから生きていく意味は？」「このまま生きていても家族に迷惑をかけるだけだ。早く死んでしまいたい」など、死に直面した患者は深刻な苦しみを抱くのです。

これは、自分の生と死という、人間にとって根源的な問題です。

死を目の前にして、これまでの人生の物語を語り直したり、最後に自分がやりたいことを実現したりする。このようにして、生きる意味を見出し、自分の人生に納得することができるのかもしれません。

医師は（医療者は）、そうした**患者の不安や恐怖、願いや望みに寄り添い、徐々に死の受容を進めることができるようサポートをする**ことが必要になるのです。

第三章に登場したキーワードのまとめ

- １９６０年代までは、医療は「延命至上主義」で、どのような状態の患者でも延命治療を行っていた。
- そのことで、助からなかった命が助かるようになり平均寿命は延びたが、一方で、「ムダな延命」が増加し、苦痛をともなって生きながらえさせられたり、意識のない状態で生き続けさせられたりする、**ＱＯＬ**の著しく低下した状態の患者も増えた。
- １９７０年代以降、**尊厳死**という概念が生まれ、延命を行わず（中止し）、人間らしく自然で、穏やかな、**ＱＯＬ**を維持した状態で最期を迎えることができるようになってきた。
- 治癒が望めない患者に対して、苦痛を与える**延命治療**を中止は、人間らしく死を迎えるための終末期医療＝**ターミナルケア**が注目されるようになった。

- **終末期医療**を選択するにあたっては、本人の意思決定が重要で、そのために医師は（医療者は）サポートしなければならない。
- **ターミナルケア**においては、身体的ケア、精神的ケア、社会的ケアに加え、スピリチュアルケアが重要である。
- こうしたケアによって、患者は徐々に**死の受容**を進めていき、納得して死を迎えることができる。

20世紀前半から後半にかけての変化について、しっかり整理しよう!

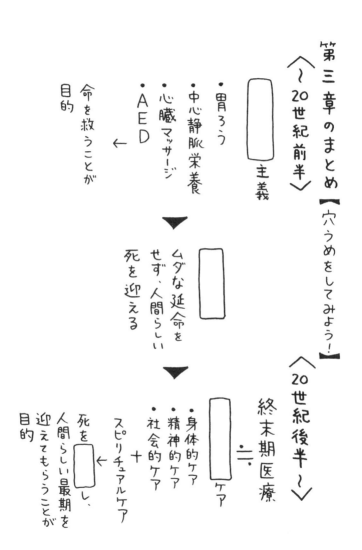

第三章のまとめ【穴うめをしてみよう！】

〈～20世紀前半〉

（　　）主義

・胃ろう
・中心静脈栄養
・心臓マッサージ
・AED

↓

命を救うことが目的

▼

（　　）

ムダな延命をせず、人間らしい死を迎える

▼

〈20世紀後半～〉

終末期医療≒（　　）ケア

・身体的ケア
・精神的ケア
・社会的ケア
＋
スピリチュアルケア

↓

死を（　　）し、人間らしい最期を迎えてもらうことが目的

第三章のまとめ【答え】

〈〜20世紀前半〉

延命至上主義

- 胃ろう
- 中心静脈栄養
- 心臓マッサージ
- AED

←命を救うことが目的

▼

尊厳死

ムダな延命をせず、人間らしい死を迎える

▼

〈20世紀後半〜〉

終末期医療 ≒ ターミナルケア

- 身体的ケア
- 精神的ケア
- 社会的ケア

＋

スピリチュアルケア

←死を受容し、人間らしい最期を迎えてもらうことが目的

関連キーワード解説

安楽死

尊厳死に似た言葉として、安楽死がある。安楽死とは、患者自身が実行できない状態で、他者が、身体的に侵害を与え、死をもたらすことと言ってよい。

安楽死には、積極的安楽死、消極的安楽死がある。積極的安楽死とは薬物を投与することによって患者を死に至らしめることを指し、消極的安楽死とは同様の目的で、薬物を投与しない（延命治療をしない）ことを指す（現在では、消極的安楽死という用語はほとんど使われないので、安楽死＝積極的安楽死となる）。

一般的に、尊厳死＝消極的安楽死と考えられるが、患者本人の意思で延命治療をしない尊厳死と、消極的安楽死とは、行為者である医師の「意図」が異なる。つまり、患者の命を終わらせようとする意図や目的がある場合は「安楽死」であり、それに対して、患者本人に延命治療拒否の（事前）意思があり、その意思を尊重しよう、患者の苦痛を除いてあげようという意図・目的の下に延命治療を中止・差し控えるのが尊厳死ということになる。ちなみに、日本において、積極的安楽死は倫理的・法的に許容されていない。

SOL

ＳＯＬとは“Sanctity of Life”の頭文字を取ったもので、訳すと「生命の尊厳」となる。人間の生命そのものが神聖であるという考え方。

生命は尊いものであり、いついかなる状況でも死を選ばず生を選ばなければならないという立場で、医療が生命の維持を何より優先しなければならないことを意味する概念。

安楽死や尊厳死ということを考えた場合、SOLと対立する概念としてQOL（Quality of Life）がある。「SOL」に対して「QOL」とは、人間がよい状態で生きることを医療がめざさなければならないことを言うものであるが、医療技術が進歩したために、両者のどちらを優先させるか簡単に決められないという問題が生じている。

ACP

Advance Care Planning の略。

患者自身の考えをもとに、家族や近しい人、医療者や介護者とあらかじめ話し合い、今後の人生をどのように過ごし、どのような医療や介護を受けて最期を迎えるかを計画し、その意思決定を表明しておく取り組みのこと。

環境の変化、病状や体調の変化により、くり返し話し合いを行う必要がある。

患者が自己決定することが困難な日本では、ACPを進める必要がある。

第四章

看護医療職の役割

20世紀後半、とくに1970年代以降、慢性疾患の患者が増加し、
高齢者医療や終末期医療のニーズが高まりました。
それにともない、患者のQOL、つまり日常生活の質の維持・向上が
重要になってきました。医療の役割が大きく変化したのです。
本章では、医療従事者のうち、看護医療職について扱います。
看護医療職は、患者や家族が、
不満や悩みを打ち明けられる最も身近な存在です。
ですから、看護医療職従事者は、患者の背景を理解し、
精神的苦痛、社会的苦痛や、心理的な問題をとらえる努力をします。
また、地域医療においては、治療だけではなく介護も必要となり、
とくに看護職はチーム医療の中心として行動します。

第四章に登場するキーワード

キュアとケア

「キュア（Cure）」と「ケア（Care）」は医療の基本的な概念。

キュアは疾患を医学的な治療によって治すもので、おもに医師が担当する。

ケアは病に悩む患者に対し、全人的なアプローチをするもので、おもに看護師や、その他の医療者が担当する。

一般的にはこのように分類され、理解されているが、慢性疾患が増加している今日の医療では、ケアとキュアを単純に二分化することはできず、実際には重なる部分も多く、両者の融合が重要となっている。

チーム医療

医師、看護師、薬剤師、理学療法士、作業療法士、言語聴覚士、管理栄養士など、医療に関わるさまざまな職種が患者の病状に応じてチームを組み、意見を交換しながら患者の置かれている状況の分析を行い、患者が心身ともに健やかな生活を送れるよう、キュアとケアを進めていくこと。

かつては、ひとりの医師が中心となって診療を行っていたが、医学の進歩、慢性疾患の増加、高齢化の進行等に加えて、患者の社会的・心理的な観点及び生活への十分な配慮も求められており、医師や看護師等の許容量を超えた医療が求められる中、チーム医療が推進されている。

リハビリテーション

病気やケガにより生じてしまった不自由（障害）に対して、元の生活に戻れるよう支援すること。また、障害を持っていても、その人らしい生活ができるよう支援すること。医療においては、医師、看護師、理学療法士、作業療法士、言語聴覚士などの医療専門職がチームを組んで実施する。

リハビリテーションとはたんに訓練を指す言葉ではなく、障害を持った人が可能な限り、元の社会生活を取り戻すことを意味する。それには、障害自体が軽減するように機能訓練を行う必要もあるが、それ以上に、本人が生活の中で積極的に体を使うことが重要である。

さらには、体の不自由が残っても、安心して生活ができるような社会を実現することが必要なのである。

ノーマライゼーション

障害者や高齢者などが、他の人と平等に生きるために、社会基盤や福祉の充実などを整備していく考え方。障害者や高齢者も社会的な役割を担い、同時に社会が支援していくことが重要である。ただ、もう少し広い意味では、障害者や高齢者といった特定の社会的な弱者だけでなく、すべての人が平等な社会の一員であるといったとらえ方をする。

いずれにせよ、社会的弱者に変化を求めるのではなく、社会の側から、そのあり方そのものを変えることで、社会的弱者が生きがいを見つけ、役割を担っていける社会を作り上げる必要がある、という発想である。

1 20世紀前半までは「看護師は医師の補助」

看護師は医師の補助者？

20世紀前半までは、感染症が医療のメインターゲットであり、治療モデルの医療が提供されていました。したがって、医師が患者の「治療（キュア）」を行うことが医療行為の中心であり、**看護師の役割はその補助を行う**ことでした。

看護師は、医師の指示にしたがい、**キュア**（治療）のサポートを行います。**また、入院患者の生活の世話も行います。**注射を打ったり、傷の手当をしたりする看護師の姿は、みなさんも見たことがあるでしょう。

したがって看護師は、医療の現場において、医師ほど大きな役割を果たしているとはみなされませんでした。医療における中心的な役割はあくまで医師が担い、看護師は補助者である、という理解が一般的でした。

●男性の医師と、女性の看護師

20世紀前半までは、医師の多くは男性。それに対し、看護師はほとんどが女性でした（かつては「看護婦」と呼ばれていました）。

この構図は、男性中心の社会とリンクしていて、看護師の社会的地位は決して高くはありませんでした。

驚くべきことに、看護師の仕事は、

「子どもの世話をしたことのある女性なら、ちょっとした訓練でできる」

と、言われていたといいます（そもそもの話、子どもの世話や教育が、どれだけ大変で重要な仕事か、という点への理解が乏《とぼ》しかったという背景もあるでしょう）。

第二章でお話しした、医師と患者の関係とこの医師と看護師の関係をふまえると、医療の現場は**医師を中心に回っていた**ことがわかりますね。

しかし、この医師と看護師の関係性の話は昔話ではありません。

「お医者さんはエライ」というイメージは、現在でも一般的な理解として続いています。

2

20世紀後半以降は「看護師は医師と対等の医療者」

目的は患者の情報を共有すること

くり返しになりますが、20世紀後半以降は、生活習慣病をはじめとした慢性疾患が医学・医療のメインターゲットになりました。

医師による**キュア**（治療）だけではなく、患者の生活全体への**ケア**が必要になってきます。

慢性疾患は、完治が難しく、長い期間の日常的な**ケア**が重要です。

医療者は患者の日常を理解し、一人ひとりに対応した**ケア**を提供しなければなりません。

また、高齢者医療でも、高齢者のＱＯＬを維持することが重要なので、同じことが言えるでしょう。

さらに、医学・医療の高度な進化にともない、どのような治療を選択するのか、もしくはしないのか、患者やその家族は難しい判断を自分たちで行わなければなりません。

このような患者やその家族を取り巻く状況において、**重要な役割を担うのは看護師**なのです。なぜそう言えるのでしょうか?

看護師（その他の医療者も含む）は医師と比べ、**患者に近い位置にいるから**です。

診察以外で患者と会話をする機会が多いため、自然と緊密にコミュニケーションを取ることができます。そのため、患者の体調や気持ちや考え、その変化なども理解することが可能になります。

それらの情報は、患者への適切な対応や、ケアを行っていく上で大変貴重であり、重要です。

つまり、現在の医療において、**看護師やその他の医療者が行うべきことは多く、そ**

の役割は重要なのです。

したがって、医師と看護師（その他の医療者）は、できる限り対等な関係を築き、コミュニケーションを緊密に取る必要があるのです。

（しつこいかもしれませんが）目的は何でしょうか？

それは、患者の情報を共有することです。現在の医療の現場では、患者とその家族のために、医師と看護師、その他の医療者は**ひとつのチームとなる必要がある**のです。

「キャプテン」としての看護師

患者に関わるのは、もちろん、医師と看護師だけではありません。

慢性疾患の患者や高齢者の患者のＱＯＬを維持・向上させるために、看護師の他にも、薬剤師、管理栄養士、理学療法士、作業療法士、言語聴覚士など、**医療に関わるさまざまな職種が組み合わさり、「チーム医療」**となります。

このチーム内でコミュニケーションを取りながら、患者のサポートを行っていくことが求められるのです。

「**チーム医療**」の中心は直接患者を診察、治療する医師です。

しかし、実際に現場でチームをまとめ、キュアやケアを進めていくのは看護師です。

たとえて言うなら、医師は監督。看護師はキャプテンです。

作戦の決定や判断を行い、最終的な責任をとるのは監督である医師ですが、**実際にチームをまとめ、動かしているのは看護師**だからです。


医療の現場における看護師の役割の大きさを理解していただけたでしょうか？

志望理由書、小論文を書く際、面接で話をする際は、このような理解に基づいているかがとても大切です。なぜなら、今、受験生であるあなたが、将来実際に医療の現場に立つときに、自分の役割を正しく理解している必要があるからです。

医療は、医師だけでは成り立ちません。もちろん、看護師だけでも成り立ちません。


「医療はチームで動いている」

このことをしっかり理解してほしいと思います。

3 看護学について

ナイチンゲールの功績

ナイチンゲール。

19世紀のクリミア戦争時、戦場に看護師団を引き連れて赴き、「戦場の天使」と呼ばれた人物です。

彼女の最も大きな功績を一言でいうと、不衛生な看護の仕事を改革し、その基礎を作ったことでしょう。

近年、看護系の4年制大学が増加しています。

その背景には、前項までにお話ししてきたように、慢性疾患の患者や、高齢者の患者が増えている現代において、看護の専門的な技術、高度な看護学を身につけた看護師が必要になっているという現状があります。看護師をはじめとした医療従事者の役割がかつてなく重要になっているということです。

そこでこの項では、ナイチンゲールが確立させた「看護学」について説明します。

医療従事者をめざすみなさんは、あらためてナイチンゲールの功績に目を向けましょう。

以下、その功績をまとめます。


【イギリスの慈善病院】

ナースコール、湯を各階に通すパイプの設置、シーツ交換や食事出しの時間を設定、患者の話を聴く行為の導入などの改革。


【クリミア戦争中】

傷病兵が、実は戦闘のケガではなく、不潔な病室に入院させられることなどによる感染症で命を落とすことに注目。
→掃除や食事など衛生状態の改善、毎日の包帯の取り替え、病人に合った料理の提供、一人一台のベッドの提供（個人の健康管理を考えた看護）。加えて、傷病兵の家族に手紙を書く、死亡兵の家族に死亡報告と義援金の送付（心理的な看護）。

【野戦病院の看護婦総責任者就任】

衛生管理の徹底と個人の健康管理、夜回りを怠らず行う。

↓死亡率2％にまで抑えることに成功（後の分析で、兵士の死因の多くは衛生管理不足による感染症であったと判明）。

ナイチンゲールは、感染症で亡くなるのは、病院の不衛生によるところが大きかったことにいち早く気づき、その対策を行いました。

衛生管理を徹底させることが感染症の死亡率を下げるという発見に、大きく寄与したということですね。さらに、続けます。

【現場を離れて】

亡くなるまでの約50年間、執筆活動、看護師育成に力を入れる。

具体的には、看護師と医療関係者の教育、生活保護のためにナイチンゲール基金を設立。ロンドンの聖トーマス病院内に看護婦養成学校を創設（看護知識の教育だけでなく、病院管理の教育もできる看護学校である上、宗教に関係しない世界で最初の看護学校）。

【出版】

- 『Notes On Nursing（看護覚え書）』（看護の原点と基本的原理。現在でも看護教育の教本としてベストセラー）。
- 『Notes on Hospitals（病院覚え書）』（患者ひとりの療養空間、窓やベッドの配置方法など病院建築における理論）。

【データ集計及び可視化】

●「当時の陸軍病院の死亡の原因の大半は、院内の劣悪な衛生環境にある」ことを突き止め、専門家でないヴィクトリア女王に訴えるにあたり、わかりやすく説明するために尽力。

クリミア戦争での戦死者の状況を分析するために、死亡率や平均入院日数の計算などを用いた医療統計学を生み出した（現在でも使われている「レーダーチャート」や「鶏のとさかグラフ」はナイチンゲールが生み出したもの）。

また、可視化された統計でわかりやすく説明し、当時の病院の現状をレポートにして訴えたことにより、イギリスの陸軍病院の医療衛生の改革が実現。

冒頭でナイチンゲールがしたことを一言でお伝えしましたが、具体的に見ると、一言では説明できないぐらいとてつもなく大きな功績ですよね。

念のため、まとめます。看護教育、病院管理、看護に関する書物の出版、医療統計学の確立など、近代的な看護のあり方、看護学という学問、看護の専門的な技術などをはじめて確立したのはナイチンゲールです。

看護学はナイチンゲールから始まり、後世の看護師や研究者によって進歩したのです。

小論文を書く前提知識として、しっかりおさえておきましょう。

4 看護の技術

有効な治療がない場合

この項目では、看護の技術の挑戦についてお話しします。治療のほどこしようがない疾患に対し、看護はどう向き合ってきたのか、技術によるチャレンジを紹介します。

遷延性《せんえんせい》意識障害は、一般で言われる植物状態です。意識レベルが低く、意思疎通もできず、自力で摂食もできないような状態が長く続く患者に対して、現在のところ有効な治療方法はありません。

しかし、看護は挑戦しています。意識がないように思える患者に対して、普通の患者に接するように会話をします。

患者からの返答はありません。しかし、**会話が続いているような状況を作る**のです。日常生活のなかに、意識を刺激するヒントがあるかもしれない、という仮説に基づくチャレンジですね。

以下、その実例についてお話しします。

チャレンジの意義

ある看護師が、遷延性意識障害の患者と会話をしていました。

その会話の最中、他の患者の食事のメニューに入っているうどんに、わずかですが反応したことをこの看護師は見逃しませんでした。

患者の家族に尋ねたところ、患者はラーメンが大好物とのことでした。

そこで看護師は、患者に麺類を頻繁に食べさせようとしたそうです（もちろん、実際に食べられるわけではありません）。

この会話を続けるうちに、患者は麺類の提供に反応をするようになり、徐々に反応が強くなってきました。

そしてついに、意識が回復しました。

このエピソードだけでは、麺類の提供により意識が回復した、と断定はできません。たまたま、意識回復の時期に麺類を提供したに過ぎないのかもしれません。

しかし将来、こうした**看護行為に何らかのキュア効果がある**ということが医学的に証明されるかもしれません。

近年、遷延性意識障害者は、外部からの指示を理解しているとの報告があります。つまり、**意識がないように見える患者への会話という行為も、看護の技術のチャレンジとして大きな意義がある**のです。

看護の技術は、患者への**ケア**が目的です。

しかし、**ケア**以外の看護の技術により、これまでの医学では対応できなかった患者に対し、**キュア**効果が望めるかもしれないのです。

このようなチャレンジが、とても有意義で興味深いことを理解してください。

5

障害とリハビリ

マイナスをゼロに戻す?

先天的、後天的など、さまざまな要因によって障害が生じることがあります。その障害を、治療や**リハビリテーション**(以下、**リハビリ**)、その他の補助、介助によってサポートします。

実は、この障害に対する考え方も、近年大きく変化しています。小論文でも問われることが多いテーマですので、しっかり確認していきましょう。

20世紀前半までは、障害は「マイナス」であるととらえられてきました。ですから、ゼロに戻すという意味で、**リハビリ**を行ってきたのです。

ちょっと思い出してみてください。

疾患（マイナス）を治療する（ゼロに戻す）、という治療モデルと似ていますね。

障害は疾患と同様ネガティブ（マイナス）なものだから、治さなければならない、という認識が一般的でした。

たとえば、交通事故で両足に障害を抱え、歩行困難になってしまったケース。

歩行困難という障害（マイナス）に対して、治療や**リハビリ**で、可能な限りの回復をめざします（ゼロに戻す）。

ここまでの話を聞いて、すごく当たり前の話をしているなあ、と感じた方も多いと思います。

「マイナスをゼロに戻すのがリハビリだし、それ以外に何があるんだろう……」

こんな風に思った方も多いでしょう。

しかし、20世紀後半は、この考え方に変化が起こります。この点がそのまま、小論文を書くときのポイントになるのです。

それでは、その変化についてお話しします。

残存能力を最大化する

20世紀後半以降、障害に関する考え方が変わってきました。

たしかに、障害を抱えた部位は「マイナス」です。

しかし、人間には他にさまざまな「プラス」があると考えます。つまり、マイナス部分だけに目を向けるのではなく「もっとプラス部分に目を向ける」という**ポジティブな発想に変化**したのです。


僕には、事故によって利き手である右手に障害を抱えた友人がいます。

字を書いたり、食事をしたりすることが困難になりました。しかし彼は、左手を使うトレーニングにより、そのマイナスを克服しました。

この例は、障害のある部位、つまりマイナスだけに注目するのではなく、**残存能力、つまりプラスを最大化することに目を向けたリハビリ**であるということを示しているのです。

そのことで僕の友人は、日常生活の質（ＱＯＬ）を取り戻しました。

潜在能力を引き出す

さらに、潜在能力を引き出すことも重要です。

『五体不満足』（講談社）の著者である乙武洋匡《おとたけひろただ》氏は、両手両足に大きな障害を抱えていています。しかし、文章を書く能力を伸ばして、ベストセラー作家となりました。

また、コミュニケーション力を活かすことで、タレントとしても活躍しています。

文章力、コミュニケーション力は、乙武氏にとって、障害とは直接関係のない能力です（まったく関係がないとは言えませんが）。

自分の潜在能力に気づき、それを伸ばしていくことで大きなプラスが生まれます。たとえ障害というマイナスがあったとしても、このようなプラスがあれば**「人間全体」としてプラス**になることができます。

大切なポイントは「人間全体」です。障害というマイナスだけではなく、**その人のあらゆる要素に目を向けることでプラスに転じる**。そして、ポジティブな生活、人生を送ることができるようにサポートする。これが、20世紀後半からのリハビリなのです。

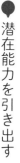

6 ノーマライゼーションの考え方

障害は自己責任？

実は20世紀前半までは、病気や事故で抱えた障害は「患者個人の問題」という理解が一般的でした。つまり、患者の自己責任、ということです。自分が抱えた障害は自分の努力で、治療なり**リハビリ**なりを行っていくべき、という考え方でした。

しかし、少し考えてみてください。たとえば、大昔の狩猟の時代では、視力が悪いことは致命的な障害となりますね。危険を認知できませんし、獲物を獲得することも困難なはずです。ところが、現代社会では、視力が悪くても大きな問題とされません。なぜなら、眼鏡やコンタクトレンズが一般化しているため、視力の矯正《きょうせい》が容易だからです。
つまり障害とは、**社会環境によってとらえられ方が大きく変わる**のです。
ですから、社会環境が変われば、障害が障害ではなくなるのです。

だれもが暮らしやすい社会へ

「どのような障害があろうと、
一般の市民と同等の生活と権利が保障されなければならない」

という理念のもと、

「障害のある人が障害のない人と同等に生活し、
ともにいきいきと活動できる社会をめざす」

という考え方を、**ノーマライゼーション**と言います。

たとえば、車椅子で生活する人のために、階段の横にスロープを設置することで、歩行可能な人と同様の行動が可能になります。

こうしたバリアフリー化は、今日、至るところで見かけることができますよね。

ノーマライゼーションという考え方は、少しずつですが、社会に浸透してきています。

「社会が変わることで、すべての人が問題なく生活できる」

「すべての人の人権を保障することができる」

リハビリ（だけでなく医学・医療全体も）は、このような考え方を大前提として進められなければならないのです。

第四章に登場したキーワードのまとめ

- 20世紀前半の看護師の役割は、医師の**キュア**の補助。
- 20世紀後半以降の看護師やその他の医療職の役割は、**ケア**に従事する専門家。
- 慢性疾患の患者はケアが重要。つまり、**チーム医療**が必要。
- 近年、看護学が重要視されている。
- 看護学をベースとした**ケア**には、**キュア**効果もある可能性がある。
- 20世紀前半までは、障害は「マイナス」と考えられていた。
- 20世紀後半以降は、障害を人間全体としてとらえた上で**リハビリテーション**を行うようになった。
- 20世紀前半までは、障害は個人の問題として考えられていた。
- 20世紀後半以降は、**ノーマライゼーション**の考えに基づき、障害は社会の問題ととらえられるようになった。

第四章のまとめ【穴うめをしてみよう！】

〈〜20世紀前半〉

【医師】 ← 指示 【看護師】

・医師の補助
・患者の世話

［　　　］中心の医療

障害のある部位に注目し
障害をマイナスととらえ
［　　　］を行う

▼

〈20世紀後半〜〉

【医師】 ← コミュニケーション → 【看護師】＋その他の医療者

└情報共有┘
↓
［　　　］によって
患者を支える

［　　　］中心の医療

障害を人間全体でとらえ
残存能力や潜在能力を
最大化していく

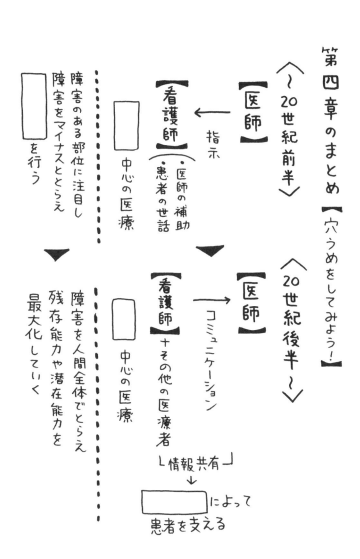

第四章のまとめ【答え】

〈〜20世紀前半〉

【医師】→（指示）→【看護師】

（・医師の補助
・患者の世話）

キュア中心の医療

障害のある部位に注目し
障害をマイナスととらえ
リハビリを行う

〈20世紀後半〜〉

【医師】←（コミュニケーション）―【看護師】＋その他の医療者

「情報共有」
↓
チーム医療によって
患者を支える

ケア中心の医療

障害を人間全体でとらえ
残存能力や潜在能力を
最大化していく

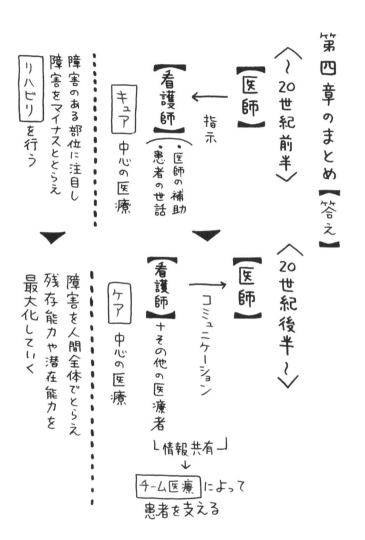

関連キーワード解説

バリアフリー

障害者や高齢者などにとっての、社会生活の支障となる障壁（バリア）を取り除くこと。

もしくは、その障壁を取り除いた状態のこと。

取り除くべきバリアには、以下の４つがあると言われている。

①公共交通機関、道路、公共の建物などで、移動するのが困難となる「物理的なバリア」

②障害のある人が、社会の制度によって、機会の均等を奪われている「制度的なバリア」

③情報伝達が不十分で、必要な情報を自由に得ることのできない「文化情報面のバリア」

④偏見や差別、心ない言葉、無関心など、障害のある人を受け入れることのできない「意識上のバリア」

ユニバーサルデザイン

ユニバーサルとは「普遍的な、一般的な、すべての」という意味。

したがって、ユニバーサルデザインとは、あらゆる人が利用できるようなデザインのこと。たとえば、障害だけではなく、年齢、性別、言語など、あらゆる違いを超えて利用しやすいということを目的とする。

バリアフリーは、おもに障害者や高齢者などを対象としているが、ユニバーサルデザインは、すべての人のためにデザインされる。

COLUMN 2

小論文第１問の設問で、「私は本大学の小論文問題を作成している教員だが、ある新聞投稿でご批判を受けた。」と始まります。

そしてその新聞投稿の内容というのは、「高校教員をしていて、貴学の小論文対策をしているが、医学部なのになぜ人文系の課題文しか出ないのか、せっかく医学・医療のことを教えてきたのに。」というものでした。

設問文はまた大学教員の言葉に戻って、「こうしたご批判は、理解できるし、私も考えさせられるところがあった。」と少々反省してみせます。しかしここで、「しかしながら私は、今年度の第２問でも、また人文系の課題文を出題することに決めた。」とちゃぶ台返しです。おーやるなと思っていたら、最後に、「さて、私が批判を受けたにもかかわらず、人文系の課題文を出したのはなぜでしょうか、あなたの考えを述べなさい。」と締め括ったのです。

この設問からわかることは何でしょうか？

小論文という試験を通して、大学が受験生のどんな力を測りたいのでしょうか？　それは、課題文や設問にきちんと応答するコミュニケーション能力です。

そういった力が、知識と同じくらい重要だと考えているのです。

僕は、小論文とは対話であり、問題意識を共有するためのコミュニケーションだととらえています（くわしくは、拙著『採点者の心をつかむ　合格する小論文』（かんき出版）を読んでください）。

僕の小論文に対する考え方は間違っていなかった！　と確信し、問題の面白さと同時に、妙な満足感を覚えました。

こんな問題を作ってみたいなと思ったのは、言うまでもありません。

第五章

地域医療

20世紀前半まで(もしかしたら現在も)、医療の中心は病院でした。
患者は病院で診療してもらうのがあたりまえ。
地域独自の課題、患者の生活の問題、介護や福祉などの分野に、
医療が入ってくることはなかったのです。
しかし現在、高齢者のQOLの維持・向上や、
慢性疾患に対する予防医療の必要性が高まってきました。
したがって、病院で診療を行っているだけでは、
医療の役割を十分に果たすことができないのです。
医療者は、地域住民の幸福を考えて
医療活動を行うことが求められるのです。

第五章に登場するキーワード

高齢者医療

高齢者の健康寿命を延ばし、ＱＯＬの維持・向上をめざすことを目的とした医療。年齢を重ねていくにつれて、身体能力や記憶力などが衰えていく。それと同時に、慢性疾患に罹患しやすくなる。そうすると、日常生活に必要な機能に問題が生じてくるため、健康で自立した生活ができることをめざす必要がある。

なお、「高齢者医療制度」は、65歳～74歳を対象とする「前期高齢者医療制度」と、75歳以上の人、および65歳以上で寝たきり等、一定の障害があると認定を受けた人を対象とする「後期高齢者医療制度」の２つの制度で構成されている。

総合診療医

「患者を死ぬまで診る」「予防医学を重視する」「外来診療の教育を重視する」これらを基本理念として、臓器別専門科のどこにも属さず、幅広い視野で患者と地域を診る医師のこと。患者の臓器を診る（生物学的に診る）だけではなく、心を持ったひとりの人間として診ることが求められる。

病態、不明熱等の未診断例、高齢者に多い複数疾患例、予防医学、終末期医療といった分野において、その役割が重要とされている。

地域医療においては、「身近にあり、何でも相談できる総合的な医療（プライマリケア）」を行うことのできる医師と言ってよいだろう。

総合診療専門医制度という新専門医制度も始まっている。

地域包括ケアシステム

高齢者を支えるサービスを、地域で一体的に提供するシステムのこと。

地域に住む高齢者が、自分らしい生活を最期まで維持していくために、介護、医療、住まい、生活支援の提供をする。

こうしたシステムの実現には、介護職、医療関係者など、多職種が連携する必要がある。したがって、その仲介役として、地域包括支援センターやケアマネジャーが重要な役割を果たす。

急速に進む高齢化による、要介護認定を受ける人の増加と、要介護者を支える介護職の不足が生じるが、これまでの介護保険サービスだけでは高齢者を支えきれない状況に対応するためのシステムである。

つまり、公的なサービスだけではなく、「地域」によって高齢者を支えていくシステムの構築が必要であるということ。

介護・福祉・保健

介護：病人や高齢者の、日常生活の身体的困難などに対する補助、看護のこと。高齢者医療では、介護士による介護サービスをイメージすることが多い。

福祉：すべての市民に、最低限の幸福と社会的援助を提供するという理念。医学・医療の分野においては、高齢者や障害者に対しての経済的サポートという意味合いが強い。

保健：健康を守るという意味であるが、一般には、保健所などの公共機関が行う、地域住民の健康や衛生を支えるための施策のことを指す。

地域医療を語る場合は、医療だけではなく、この3分野の人々と連携・協力し、地域の人々の健康増進をはかることが必要である。

1 地域医療とは何か

病気を治すだけではない

地域医療とは何かと聞かれれば、はっきりと答えることができません。実は「地域医療」の定義は定まっていません。

いろいろな考え方があるので、いくつか思いつくままに書いてみましょう。

- 地域住民の健康に関する不安や悩みに対応する医療。
- 地域住民の生活、安心できる暮らしを見守り、支える医療。
- 地域住民が医師と協力し、より良い地域社会を築くことをめざす医療。
- 地域住民に、保健予防、疾病治療、後療法、更生医療を実践する医療。

まとめると、

- 病気になった患者以外にも対応する医療。
- 医療制度や地域の状況に応じてフレキシブルに対応する医療。

ということになります。

つまり、地域医療には、実に多様な目的があるのです。

医師と地域住民が手を取り合う

では、「地域医療」とはどのようにとらえることができるのでしょうか？

どうやら、以下のことが言えそうです。

- 疾病の予防や健康の維持、増進が重要である。
- 医療者から地域の住民に働きかけるべきである。
- 疾病の治療だけではなく、リハビリ、在宅療養サポート、高齢者、障害者の支援を

行う。

- **地域の行政や住民組織と協力して進めていく。**

もう少し、加えるならば、以下のことも言えるでしょう。

- **妊婦の保健指導や相談対応。**
- **子育ての支援。**
- **在宅の引きこもりの児童、成人などへの関わり。**

以上のことから、「地域医療」とは何か？　と聞かれたらこのように答えましょう。

「医療を通じて医師と地域住民が手を取り合い、地域住民の健康を守る活動」

つまり地域医療は、たんなる医療行為ではなく、**社会的な活動であると理解するこ**とが重要なのです。

2 地域医療の医師

アドバイスは超具体的

「週2回、30分くらいの運動を始めませんか?」
「食事は、塩分とカロリーを控えめにしてください」

慢性疾患の患者へのアドバイスとしては、「超」がつくほど一般的で、どんな医師でも言いそうなことです。

もっと言うと、(医師でなくても) 誰でも言えますし、誰にでもあてはまるアドバイスです。

このようなアドバイスだけでは、個々の患者に対応することはできません。

地域に根ざし、その地域の住民をよく知っている医師は、たとえば、次のようなアドバイスを行います。

「Aさんは、温泉好きでしたよね。だったら、○○通りの□□交差点から△△温泉まで、毎日歩いてみてはどうでしょうか？」

「Bさんはラーメンがお好きなんですって？　週4ですか？　ちょっと多いかもしれませんね。この間、おいしいお店みつけたんですよ。○○町にある××食堂。刺身定食がおいしかったですよ。他にも、魚中心のヘルシーメニューで、どれもおいしそうでしたよ」

このように話してもらえたら、医師を身近な存在と感じることができるため、「ちょっと言うことを聞いてみようかな」と思いませんか？

医師自身が地域を知っていて、患者を知っていると、このような **「超」がつくほど具体的なアドバイスが可能** となります。

このような医療が、地域医療に必要とされるのです。

地域医療の医師に求められること

患者のことを十分に理解し、その患者に最も適切に対応することが、地域医療の医師には求められるのです。

この要求に応じるためには、たんに地域のことを知っているだけでは不十分です。地域医療の医師には以下のことが求められます。

- 患者の健康上の不安や課題、特性、その人のすべてを多面的に診る。
- 臓器や組織だけではなく、さまざまな部分が影響し合い関係していることから病気の原因を推測できる。
- 病気の背景、家族関係や職場の環境などにアプローチする。
- ライフステージが変わっても、ずっと診ていく。
- 未病の状態の人のケアができ、予防医療も行うことができる。
- 専門医との連携を円滑に行うことができる。

- **患者の生活を支え、家族も丸ごとケアする。保健や福祉、介護はもちろん、住環境、働き方、街の行政区画を守備範囲とする。**
- **住民の医療ニーズを把握し、それを地域に反映する。**

いかがでしょうか？

地域医療の医師には本当にたくさんのことが求められます。

このように、治療だけではなく、**何でも相談できる医師を総合診療医**と言います。

まさに、地域医療に求められる医師の姿そのものです。

地域医療の現実

医師不足の深刻化。

救急外来の拒否。

入院病床の不足。

外来患者の長い列。

短い診察時間。

置きざりにされる高齢者。

地域医療の現場では、このような、問題を解決できずにいます。

地域医療の現実です。


また、現代の医療は細分化が進んでいます。

ある分野にはとてもくわしいけれど、専門を外れるとよくわからない、という医師や医療従事者が多くなっています。


このような問題を解決できる可能性があるのが総合診療医なのです。

先ほどまとめたように、包括的医療を実践する**総合診療医**であれば、患者の多岐にわたる訴えに対応できるからです。


いつでも、どこでも、どんなことでも、ずっと診てくれる**総合診療医**。

そんな医師が自分のかかりつけ医だったら、安心して病気とつきあっていくことができるのです。

3 高齢者医療

「田舎」だけの問題？

「高齢化が進んだへき地の医療」

多くの受験生は、地域医療をこのようにイメージしています。

しかし、この理解は、厳密には間違いです。「田舎」だけでなく、都市部の地域医療も存在します。地域医療とは、高齢化が進んで人口が減っている地方だけの医療ではありません。**それぞれの地域の問題に対する医療が存在**します。それが地域医療なのです。

では、その地域の問題とは具体的にどのようなものがあるでしょうか？

その**筆頭にあがるのは高齢者医療**です。

現在、日本のほとんどの地域で、高齢化が進んでいます。そしてこの先も、少子高齢化が急速に進んでいくことは間違いありません。

したがって、地域医療で**高齢者医療**が大きな問題になっていることは、みなさんも容易に想像できるでしょう（実際には、高齢者のみならず、すべての人が地域医療の対象であるということも、おさえておきましょう）。

日常生活をサポートする

高齢になると、生活習慣病が増え、発見時には、その病気も進行している場合が多いです。

人は誰であっても、加齢にともない、体のさまざまな能力が低下していきます。

「手足が痺《しび》れて動かしにくい」

「目が霞《かす》んで見えにくい」

「物忘れがひどく、とっさの判断もできなくなった」

などと、高齢者の方がよく口にしているのを聞くでしょう。こうした状態を**老人退行性疾患**と言います。

老人退行性疾患が進行すると、生活機能に問題が生じます。「階段を上るのが怖い」「布団の上げ下ろしがつらい」など、少しずつ、ふだんの生活に問題が生じます。

また、動かなくなってきたからという理由で、体を動かす機会を減らすと、さらに退行します。「トイレや風呂がひとりでできない」といったレベルになってしまうと、介助や補助が必要になります。

このことから、**医療者がすべきは、病気の診断・治療を行うことに加え、日常生活のサポートである**ことが理解できるでしょう。

また、「延命治療」「終末期医療」、そして「看取《みと》り」といった場面にも医療者は関わる必要があります。命が助からない状況で、**患者やその家族の自己決定を支え、癒すことが求められる**のです。

このようなサポートは、当然、医師ひとりでは不可能です。

くり返しになりますが、医師、看護師、理学療法士、作業療法士、言語聴覚士などの医療者が、チームで対応するのです。

また、医療者以外にも、介護や福祉、保健の分野の人々との連携が何よりも重要なのです。

4 地域包括ケアシステム

2025年問題

「2025年問題」をご存じでしょうか？

2025年は、戦後まもなく生まれた団塊《だんかい》の世代（第1次ベビーブームと呼ばれ、多くの子どもが生まれた）の全員が75歳以上となります。

それにともない、国民の医療や介護の需要がさらに増加することが見込まれ、**医療、介護、福祉、そして、それらを支える財政に大きな負担がかかる**と予測されています。

これが2025年問題です。

この問題に対し、厚生労働省は次のように述べています。

「2025年を目途に、高齢者の尊厳の保持と自立生活の支援の目的のもとで、可能な限り住み慣れた地域で、自分らしい暮らしを人生の最期まで続けることができるよう、地域の包括的な支援・サービス提供体制（地域包括ケアシステム）の構築を推進しています。」

（厚生労働省ホームページより）

https://www.mhlw.go.jp/stf/seisakunitsuite/bunya/hukushi_kaigo/kaigo_koureisha/chiiki-houkatsu/

少し抽象的な表現なので、イメージしにくいかもしれません。
もう少しくわしく見てみましょう。

2025年問題への具体的な対応策

では、具体的にどのような対策が打たれるのでしょうか？
次の2つの図に基づき、お話しします。

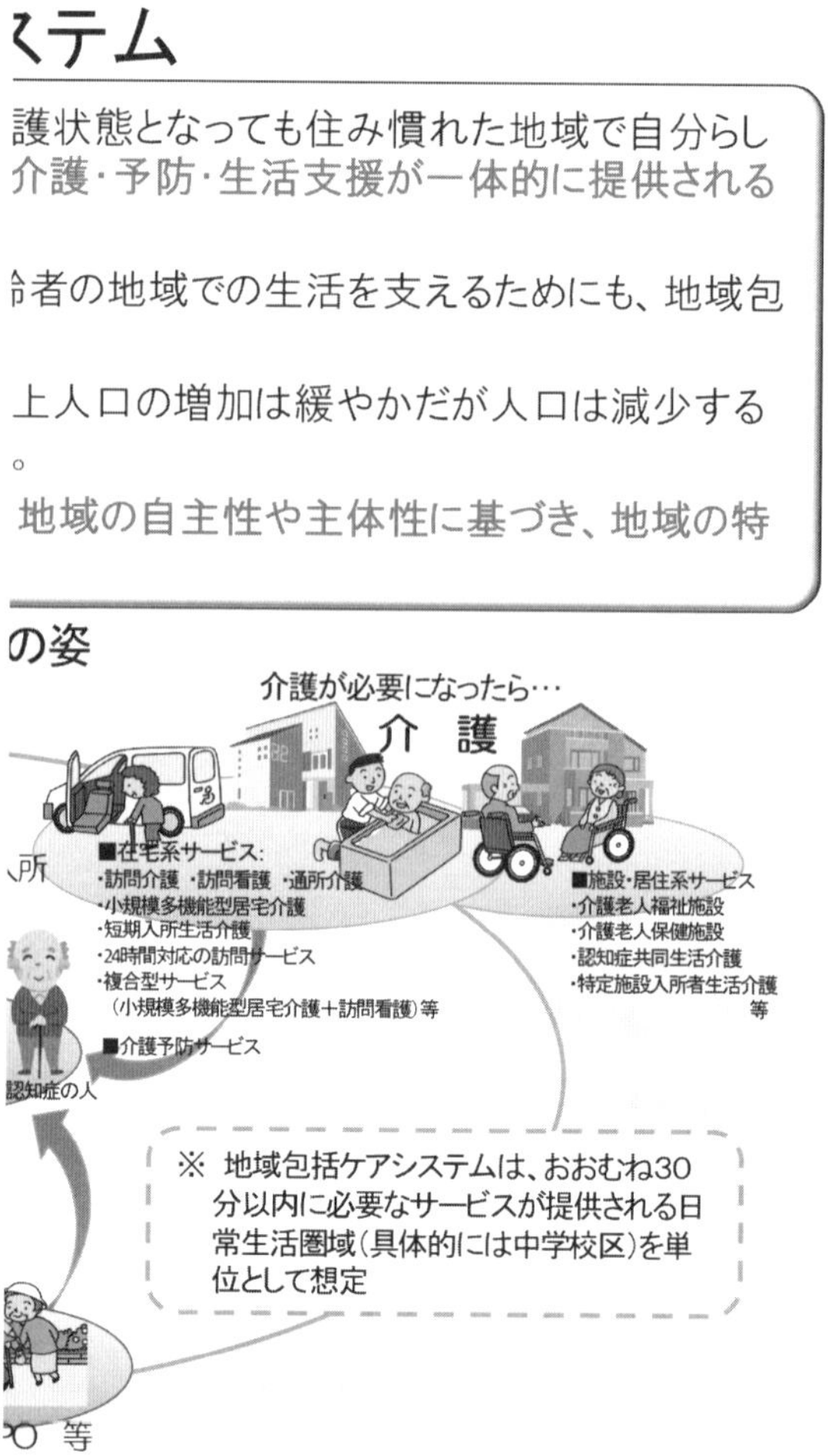

図1

地域包括ケアシス

○ 団塊の世代が75歳以上となる2025年を目途に、重度な要介
い暮らしを人生の最後まで続けることができるよう、住まい・医療・
地域包括ケアシステムの構築を実現していきます。

○ 今後、認知症高齢者の増加が見込まれることから、認知症高齢
括ケアシステムの構築が重要です。

○ 人口が横ばいで75歳以上人口が急増する大都市部、75歳以
町村部等、高齢化の進展状況には大きな地域差が生じています。

地域包括ケアシステムは、保険者である市町村や都道府県が、
性に応じて作り上げていくことが必要です。

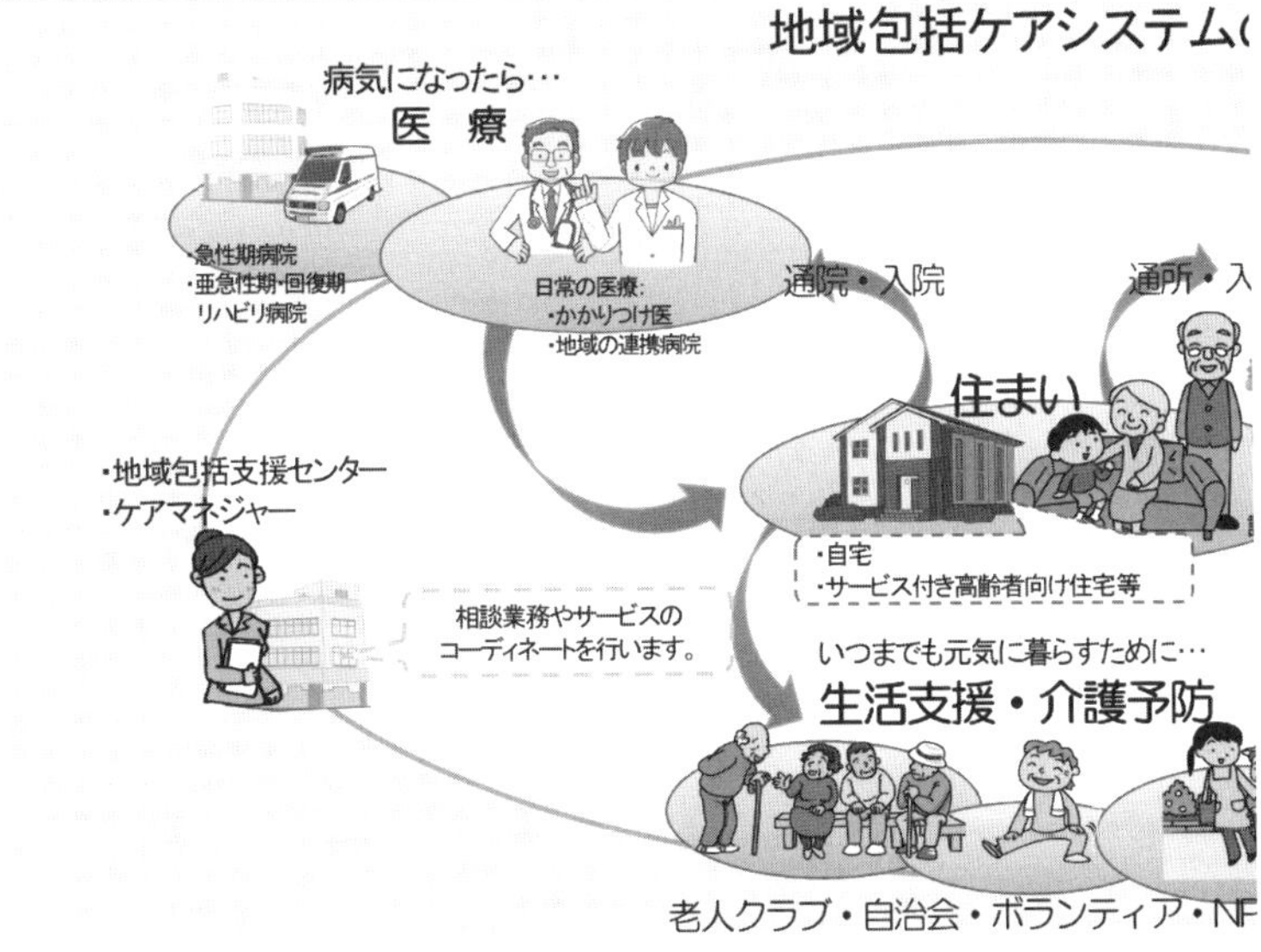

［出典:厚生労働省ホームページ(mhlw.go.jp)］

図2

［出典：三菱UFJリサーチ&コンサルティング「〈地域包括ケア研究会〉地域包括ケアシステムと地域マネジメント」（地域包括ケアシステム構築に向けた制度及びサービスのあり方に関する研究事業）、平成27年度厚生労働省老人保健健康増進等事業、2016年］

以上の2つの図は、厚生労働省のホームページ内に掲載されています。イラスト内に示されている医療、介護、福祉、保健は、かつては、それぞれが別々に活動していました。


私の祖母の例です。30年ほど前の話です。

脳梗塞《のうこうそく》で入院した祖母は、退院後、リハビリ施設や介護施設に通うことになりました。治療は病院、リハビリはリハビリ施設、介護は介護施設で行われます。それぞれ違う施設で行っているので、探すのも申し込みも、当然別々でした。

つまり、周りで支える家族にはそれ相当の負担がかかりました。


しかし、2つの図では、**住まい・医療・介護・予防・生活支援が一体的に提供される地域包括ケアシステムが構築**されていることについて説明されています。

このシステムが実現されれば、私の祖母は、継ぎ目なく、各種のサービスを受けることが可能になるのです。

●安心して健康に過ごせるシステム

図2をご覧ください。

葉には「**医療、介護、保健、福祉**」などが見えます。この土台となる土には、「介護予防・生活支援」と書かれています。また、その土を支える植木鉢には、「すまいとすまい方」と書かれています。

これは、**地域住民の日常生活に最も主眼が置かれている**と解釈できます。**地域包括ケアシステム**とは、地域のすべての住民が、安心して、健康で過ごせることを目的としたシステムなのです。

高齢化は地域によって状況が違います。つまり、地域差が生じています。したがって、**地域包括ケアシステム**は、地域の自主性や主体性に基づき、地域の特性に応じて作り上げていくことが必要なのです。

第五章に登場したキーワードのまとめ

- 地域医療とは、医療を通じて、医師と地域住民が手を取り合って、地域住民の健康を守る社会的な活動である。
- 地域のことを知っていて、患者のことを十分に理解し、その患者に最も適切な対応ができることが、地域医療の医師には求められる。
- いつでも、どこでも、どんなことでも、ずっと診てくれる、包括的医療を実践する**総合診療医**であれば、患者の訴えの多くに対応できる。
- 高齢者になると、生活習慣病が増え、進行している場合が多い。さらに、加齢にともない、体のさまざまな能力が低下していく老人退行性疾患が増加していく。
- 「延命治療」「終末期医療」、そして「看取り」といった場面にも医療者は関わらなければならない。
- **高齢者医療**では、医療者が、チームで対応することに加え、**介護**や**福祉**、**保健**の分野の人々との連携が何よりも重要だ。

- 2025年までに、住まい・医療・介護・予防・生活支援が一体的に提供される**地域包括ケアシステム**を構築しなければならない。
- **地域包括ケアシステム**とは、地域のすべての住民が、安心して生活をし、健康で過ごせることを目的としたシステムである。

第五章のまとめ【穴うめをしてみよう！】

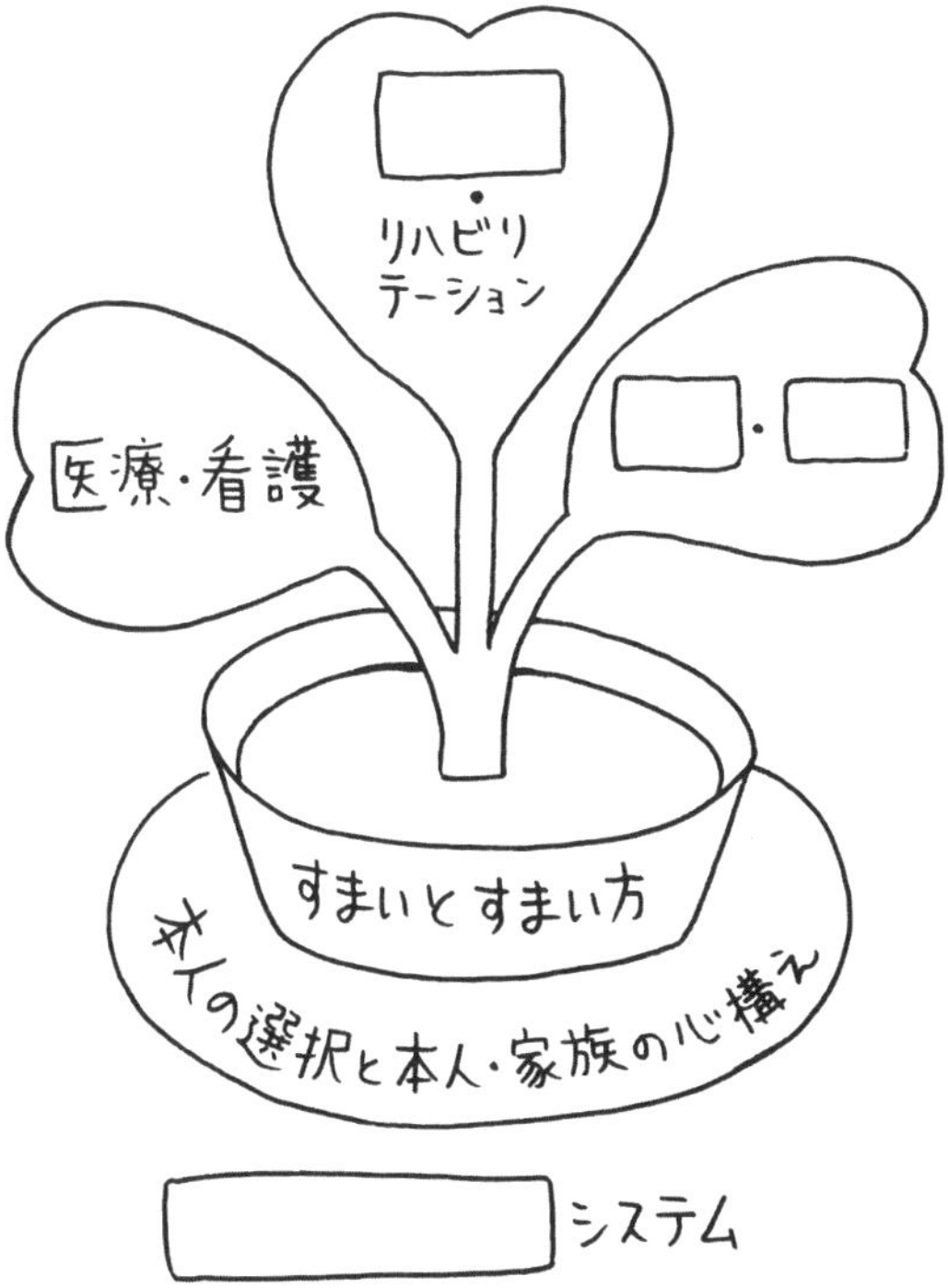

第五章のまとめ【答え】

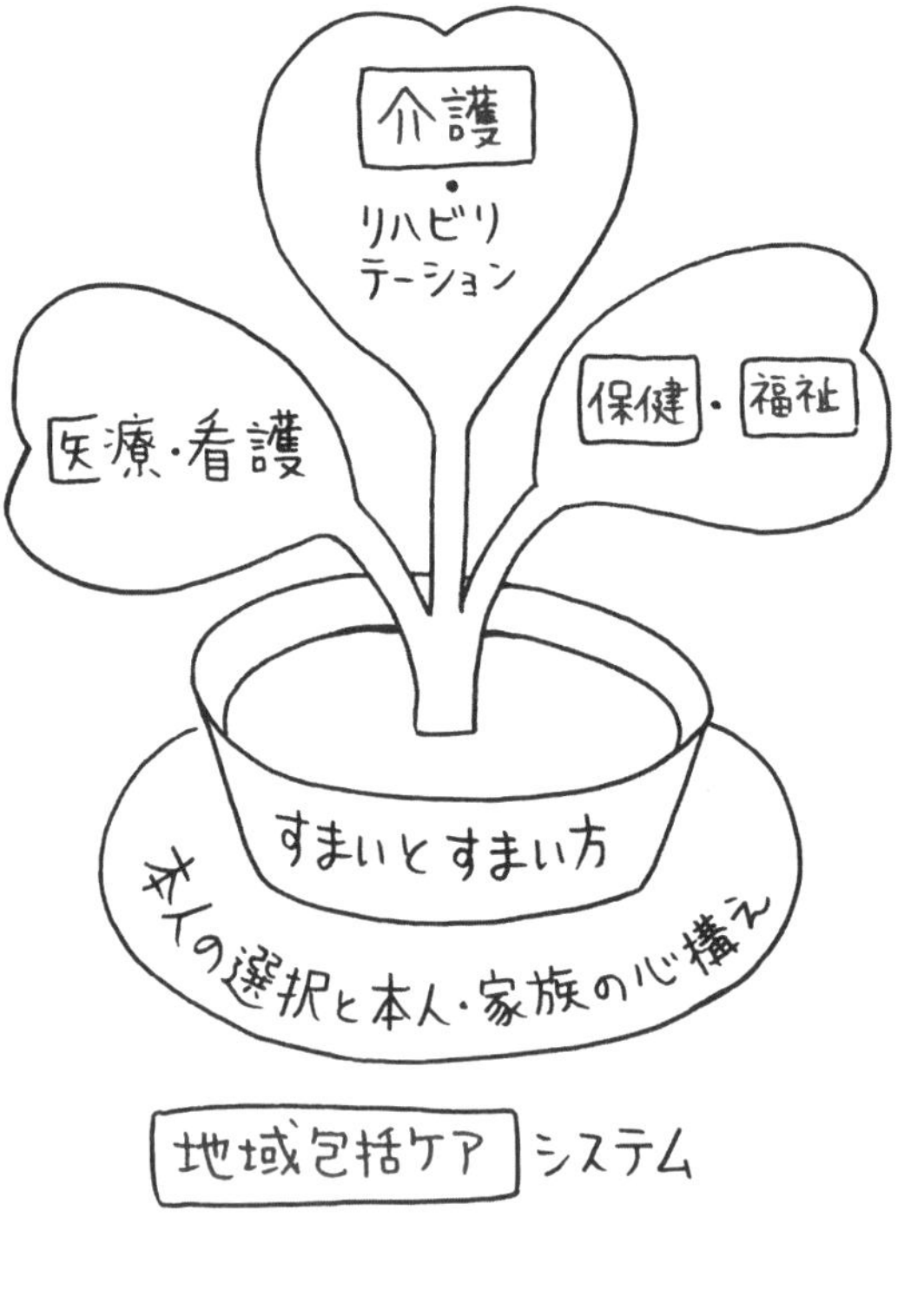

介護
・
リハビリ
テーション
医療・看護
保健・福祉
すまいとすまい方
本人の選択と本人・家族の心構え
地域包括ケアシステム

関連キーワード解説

医師不足・偏在

医師不足問題は、２００４年度に導入された、新しい臨床研修制度から顕在化してきた。

それまで、研修は出身大学の医局主導であったが、この制度によって自由に研修先を選ぶことができるようになった。

その結果、症例数が多く、勤務条件のよい都市部の病院に多くの研修医が流れることになり、地方の大学病院が研修医を確保できず、周辺病院に派遣していた医師を引き揚げたことで、地域で働く医師数が不足した。

つまり、医師の絶対数が足りないということだけではなく、医師が都市部に偏在することによって、医師不足問題が加速した。

さらに、病院勤務医の過酷な労働環境、診療科間の負担の違いなどにより、開業医の増加、拘束時間が短く診療負担が軽い診療科への偏在が生じた。

こうした医師偏在により、本来医師数が必要とされる地域や診療科で医師が不足するという事態が生じている。

自立・自律

高齢者や障害者において、「自立」とは、ひとりで生活ができるような状態を指すことが多い。もちろんこれはこれで重要なことであるが、医療では「自律」という用語をよく用いる。「自律」とは、生命倫理の概念であるが、医療の場面では、患者が自分で決めたことにしたがい、生き方を決めるという意味で使われる。

患者が、キュアやケア、今後の生活について自己決定することができるということである。当然、この「自律」は尊重されなければならない。

医療者には、医療倫理における、自律尊重原則の積極的責務があり、患者が治療上の決定を下すために必要な情報を開示し、自律的な決定を促進しなければならない。

高齢者医療制度

前期高齢者医療制度

多くの前期高齢者が加入している国民健康保険は、医療費負担が重くなるため、医療費負担を調整する目的で作られた制度。若年者の加入人数の多い健康保険組合には大きな負担が求められる。ただし、65歳になったことが理由で、加入している健康保険が変わるわけではない。

後期高齢者医療制度

75歳以上の人が、これまで加入していた国民健康保険や健康保険組合から外れて、新たに加入する独立した制度。

高齢者の生活を支えることのできる医療制度とするために施行された。

第六章

先端医療

20世紀後半以降、医学・医療は大きな進歩をとげました。
人の誕生や死を左右することのできる技術が現実のものとなりました。
また、生命の根幹の情報である遺伝子を利用した医療が
展開されようとしています。
これらの技術によって、以前では考えられない治療法が生まれる
可能性が高まってきました。
しかしながら、新しい技術は、生命への考え方、
価値観が問われることになります。
また、価値観といっても個人の問題だけではなく、
社会的な倫理観への問いかけが必要となります。
生命倫理の問題を避けて、医学・医療を進めることはできないのです。

第六章に登場するキーワード

脳死

脳幹（生命維持に関して重要な役割をもつ）を含む、脳全体の機能が失われた状態のこと。回復する可能性はない。人工呼吸器によって、一定期間心臓を動かし続けることはできるが、多くは数日以内に心停止する（心停止まで、長い時間がかかる場合もある）。

出生前診断

妊婦に対して赤ちゃんが生まれる前に、病気や障害があるかどうかを調べる検査に基づいて行う診断のこと。

赤ちゃんの先天性疾患の一部を調べることができる。

検査には、染色体疾患の診断やリスク判定を行う遺伝学的検査と、臓器の異常を診断する形態学的検査（超音波検査）がある。

遺伝子・DNA・ゲノム

遺伝子：生物の体を作るのに必要な設計図のこと。その遺伝子情報により、体を構成するたんぱく質が作られる。

DNA：遺伝子の本体のこと。4種類の物質が長く連なってできている。この物質の並び順は、構成する塩基の頭文字A、T、G、C（アデニン・チミン・グアニン・シトシン）で表した「文字列」で表すことができる。この文字列を「塩基配列」と呼ぶ。

ゲノム：DNAの文字列で表される遺伝情報すべてのこと。ヒトゲノムのDNAの文字列（塩基）は、約32億文字列（塩基対）ある。この約32億文字列のうち、たんぱく質の設計図の部分を「遺伝子」と呼ぶ。ヒトゲノムには約2万3000個の遺伝子が存在している。

iPS細胞

細胞を培養して人工的に作られた多能性幹細胞のこと。生物の体細胞に、ごく少数の因子を導入すると、細胞が初期化され、それを培養することによって、さまざまな組織や臓器の細胞に分化する能力と、ほぼ無限に増殖する能力を持つ多能性幹細胞に変化する。つまり、体細胞を受精卵と同様の状態に戻すことである。

この細胞は「人工多能性幹細胞」、英語では「induced pluripotent stem cell」と表記されるため、英語の頭文字を取って「iPS細胞」と呼ばれている。

再生医療や、病気の原因を解明し、新しい薬を開発することなどに活用できると考えられている。名付けたのは、2006年、世界で初めてiPS細胞を作製した山中伸弥先生である。

1 脳死臓器移植

「死」の定義

人の死は、長い間、心臓死のことを指していました。医学的にも、文化的にもそうでした。

医療の現場では、呼吸停止、心停止、瞳孔散大固定によって患者の死を確認します。これを、三徴候死と言います。

心停止を知らせる心電図の機械音（ピッ、ピッ、ピッ、ピーーー）の後、医師がペンライトで瞳孔散大固定を確認して、「ご臨終です」と声を掛けるシーンは、医療系のドラマではおなじみでした。このような「ご臨終」のシーンを観た視聴者は、「この患者は亡くなったんだな」と認識します。つまり、三徴候死が文化として受け入れられていたのです。

しかし現在は、人の死は**脳死**ということになっています。法的にも、人の死は**脳死**とすると明記されています。

しかし、医療機関では、今でも三徴候死が死の確認（三徴候で死とみなす）に使われています。

ですので、三徴候死が人の死という認識が、やはり一般的かもしれません。

●脳死と臓器移植

脳死と深く関係するのは、脳死臓器移植です。

臓器移植とは、病気や事故によって臓器が機能しなくなった人に、他の人の健康な臓器を移植して、機能を回復させる医療です。

臓器移植には、①生体から、②心停止後、③脳死後の3つのケースが存在します。

①生体から生体への移植は、肝臓、肺、腎臓、小腸など限られた臓器の移植しかできません。

②心停止後は、血流が止まってからの時間が長いので、腎臓、膵臓、眼球に限定されます。

③脳死後の臓器移植は、摘出直前まで血液の流れがあるため、**心臓、肺、肝臓、腎臓、膵臓、小腸、眼球の7つの臓器を最大11人に提供**することができます。

臓器移植法の施行

1997年、「臓器移植法」が施行されました。

この法律により脳死後の臓器提供が可能になりました。臓器移植しか改善の望みがない患者の治療が可能になったのです。

しかしこの法律には、**本人の書面による意思表示と家族の承諾を必要とする**という、厳格なルールがありました。

また、この意思表示は15歳以上を有効としていたため、**15歳未満の脳死後の臓器提供はできません**でした。

このような制限があったため、臓器提供者の数はとても少なく、臓器移植はなかなか進みませんでした。

また、小さな子どもへの移植は小さな臓器が必要なため、大人の臓器では不可能です。多額の募金を集めて海外渡航し、臓器移植をする例が多かったのはそのためです。

臓器移植法の改正

2010年、「改正臓器移植法」が施行されました。この改正により、本人の意思が不明な場合でも、**家族の承諾があれば脳死後の臓器提供ができる**ようになりました。

また、**15歳未満の脳死後の臓器提供が可能**となりました。つまり、子どもへの臓器移植が可能になったのです。

また、親族に優先的に提供できる意思を、書面により表示できるとした「親族優先提供」も2010年に施行されています。

脳死を死として受け入れるか？

しかし、同時に問題も生じています。

そもそもの話ですが、みなさんは、「**脳死**が人の死」であるということを、納得して受け入れることができますか？

たとえば、自分の肉親や、愛する人が**脳死**であると言われたとします。

医師から死んでいると言われても、心臓は動いていて、体温があり、時間が経てば髭《ひげ》や爪も伸びてくる体を見て、果たして死んでいると思えるでしょうか。深い眠りについているのと、表面的には変わりないのですから。

現実として、**身近な人の死を受け入れることが難しい**場合も多いのです。

また、医学的にも**脳死**を判断するのは困難です。

脳全体が機能を失うのはどの時点なのか？ 絶対に脳の機能が回復することがないと判断できるのはいつなのか？ 現代の科学をもってしても、確実なことはわかりません。

ですから、医学的な観点から見ても、**脳死**を死であると納得して受け入れることは難しいのです。

臓器移植の課題

脳死の受容が難しいことは、臓器移植がなかなか進まない原因のひとつです。

一方、臓器の提供を受ける側にも課題があります。

移植された臓器は他人の臓器です。ですから、移植を受けた人にとって、他人の臓器は「異物」です。「異物」と認識すると、免疫によって排除しようとします。つまり拒絶反応が生じます。したがって、**免疫を抑制する薬剤の服用を続けなければなりません**。

さらに、法律にも問題があります。

「改正臓器移植法」では、本人の意思が不明でも脳死後の臓器提供ができます。これは、死んだ後の自分の体は自分のものではない、とも解釈できます。死後の自分の体をどう扱うかを、自分で判断できないということになります。

言い換えれば、**自分の意思に反して脳死臓器移植が行われる可能性がある**、ということです。

また、この法律により、15歳未満の脳死後の臓器提供が可能となりました。つまり、子どもへの臓器移植が可能になったわけです。

困難な病気に苦しむ子どもたちにとって、大きな恩恵となることは間違いありません。

しかし、幼い子どもが臓器提供者になる場合は、本人が意思表明できないケースがほとんどです。ですから、代わりに保護者が意思決定することになります。

死後の臓器移植を、**他人が代理決定してよいものかどうか**。これは難しい問題です。子どもの意思確認という問題ももちろんですが、この制度が悪用される可能性も否定できません。どういうケースが考えられるでしょうか？

保護者による虐待で亡くなった場合、「**虐待隠し**」**のため**（「**改正臓器移植法**」**では、18歳未満は虐待がなかったことの確認が求められています**）、**脳死臓器移植を望む**ことが考えられます。これは、絶対にあってはいけないことです。

このように、脳死判定では、技術的な問題、人の死に関わる倫理的な問題を同時に考えなければいけません。

これは、臓器移植を含む先端医療の現場において、どうしても避けられない問題なのです。

ですから、先端医療がテーマになる小論文を書く際は、臓器移植以外の先端医療の事例であっても、この「技術的問題」「倫理的問題」という側面から考えましょう。

先端医療と「技術的問題」「倫理的問題」は必ずセットで考えることを念頭に置いてください。

2 生殖医療

生殖医療の種類

不妊症の治療は、その原因に応じて治療法を選択して行います。
その中から、以下を挙げます。

- **タイミング法**…排卵日を予測する
- **排卵誘発法**…薬剤により排卵を起こさせる
- **生殖補助医療**…体外で受精の後、受精卵を子宮に戻す

このうち、近年技術的に進んだ「生殖補助医療」には以下のような方法があります。

●**体外受精・胚移植**：採卵により卵子を体外に取り出す。その卵子を精子と共存させ（媒精）受精卵を得る。その受精卵を培養し、子宮に移植する（胚移植）

●**顕微授精**：卵子の中に細い針を用いて、精子を1つだけ人工的に入れて受精させる

●**凍結胚・融解移植**：体外受精を行った際に得られた胚を凍らせてとっておき、その胚をとかして移植する

このような医療の進歩により、不妊で悩む人々に大きな恩恵がもたらされたのは事実です。

しかしながら、先ほど考えたように、新しい技術には、必ずメリットとデメリットが存在します。実際、生殖医療においてもさまざまな問題が生じています。

その代表的なものについて、お話しします。

生殖補助医療の課題

生殖補助医療では、**双子や三つ子（それ以上も）が生まれる可能性が高くなります**。母体への負担や低体重児リスクを考えると、これが最も大きな問題だと言ってよいでしょう。

また、顕微授精では、染色体異常の発現数が多くなるといった報告があります。低体重児、新生児死亡、先天奇形、発達障害、網膜芽腫など、これらは生殖補助医療の影響かどうかは不確定ですが、リスク上昇が指摘されています。これは技術的な問題ですよ。

さらに、生殖補助医療の進歩は、非配偶者間人工授精や代理母出産など、これまでにはなかった、新しい出産の形を生み出しました。

パートナー以外の人の生殖細胞を使って受精卵を作成すること、体外受精した受精卵を他人の子宮に着床させ出産してもらうこと、これらによって出産に、**当事者ではない他者が関わる**ことになったのです。

この場合の他者とは、だれのことを指すのでしょうか？　それは、精子・卵子の提供者、代理母となる人、遺伝的に無関係な子どもを育てるパートナーとなる人、生まれる子どもです。

たとえば、非配偶者間人工授精で生まれた子どもには、自分の出自を知る権利があるのでしょうか。それは、生殖細胞提供者が原則匿名とすることと対立します。子どもは知りたい、でも、提供者は知られたくない、というわけです。

また、代理出産した人が、妊娠の期間中に自分の子どもとしての愛情が芽生え、**依頼者に渡したくない**となった場合はどうすればよいのでしょうか。日本の法律では、出産した人が子どもの戸籍上の母親とされるため、出産を依頼した卵子提供者は母親になれないのです。

さらに近年では、**出生前診断**によって遺伝子の異常などを知ることが可能になり、**産む／産まないを出生前に選択することができる**ようになりました。

このような、倫理的問題、法的問題について、われわれはほとんど議論することなく、技術だけがどんどん進んでいくというのが現状なのです。

生殖補助医療をめぐる問題は、**家族とは？　親子とは？　人間の幸福とは？**　という根源的な問いをわれわれに突きつけます。

われわれは、当事者やそこに関わる人の心情を理解しようとすることはもちろん、さまざまな立場の人々の間にある認識のギャップを埋める必要があるでしょう。また、きちんとした議論を行うことで、社会的な合意に向けて努力していかなければなりません。

3 遺伝子診断

どんな病気にかかるかが、わかってしまう

遺伝子診断（遺伝子検査）とは、**遺伝子**を構成するDNAのアルファベット、つまり塩基（化学物質）の順序を調べる検査で、その結果に基づく診断のことです。

ヒトゲノムには約2万3000個の遺伝子が含まれています。これらの遺伝子のうち、**どの遺伝子に異常があるかによって、どのような病気が発症するか**が決まります。

ですから、症状に応じて、どの遺伝子に異常があるかを推測した上で、特定の1個ないし数個（網羅的に調べることも可能です）の遺伝子のみについて分析を行います。

そのことで、遺伝性疾患があるかどうかが判明し、診断が行われるのです。

現在、遺伝子診断で最も注目を集めているのは、**発症前遺伝子診断**です。

発症前遺伝子診断は、ある疾患にかかる危険性の高い人々を、**発症前に発見するた**めの方法です。

病気になる前にわかるなら、そのための予防や治療法を決めることができますね。しかし、先端技術には、**必ずメリットとデメリットがあります**。この発症前遺伝子診断も例外ではありません。

くり返しになりますが、予防や治療方法が確立している疾患においては、メリットは大きいです。

しかし、今現在、予防も治療もできず、死を待つしかない疾患の場合はどうでしょうか？　発症前に病気を知ることは、自身の死を知ることに他なりません。つまり、発症前遺伝子診断の大きなデメリットと言えるでしょう。

自分だけの問題ではない

一般的に、重篤な疾患にかかる可能性は、親や子、兄弟などの血縁者についても同様の場合があります。**遺伝子**に原因があるわけなので、当然、近しい**遺伝子**を持つ人は同じ病気にかかる可能性がある、ということです。

ですから、遺伝子診断により重篤な疾患にかかる可能性があると判明した本人は、**その結果を血縁者に伝えるか、それとも、伝えないのかを判断**しなければなりません。しかし、血縁者全員が、その情報を知りたいかどうかはわかりません。伝えた後で、「そんなことは知りたくなかった」と言われるかもしれません。逆に、伝えずにいて、実際に発症した場合、「なんで教えてくれなかったのか」と言われるかもしれません。

このように、遺伝子診断は、その結果によっては、本人だけの問題にとどまらない場合があるということです。これも、メリットとデメリットと言えるかもしれません。

ここで考えておきたいのは、同じ情報を見たり聞いたりしたとき、**すべての人が、同じように考えたり、感じたりするわけではない**ということです。これは当然と言えば当然です。同じ情報に触れたとしても、それぞれ考え方、極端な言い方をすれば「思想」の違いによって、その結論も変わってきます。

未来のことを知りたいと思う人もいれば、そんなことは知らなくてもいい、今を精一杯生きたい、と思う人もいます。

考え方、感じ方は人それぞれ。少し話が大きくなりましたが、この「大前提」を頭の片隅に置いておきましょう。

生まれてくるべきではない命？

もうひとつ、判断が困難な事例を挙げます。

遺伝子診断は、出生前診断にも使われることがあります。体外受精でできた受精卵の遺伝子診断（着床前診断）を行うことで、**子どもが将来、重い障害を持つということがわかる**のです。

どのような問題がありそうでしょうか？

たとえば、あるカップルが、第1子を出産しました。その子が遺伝性の重い障害を持っていることが判明したとしましょう。

そのカップルが第2子を欲しいと思った場合、重い障害を持った子ども2人を育てるのは無理だと感じています（第2子が、第1子と同様に障害を持つ可能性を考えているわけです）。

そこで、障害のない子どもを授かるため、体外受精で遺伝子診断を行うことを考えます。

遺伝子診断で、障害を持つ可能性が低い受精卵を着床させることで、障害が生じる可能性を限りなくゼロに近づけることができるからです。

障害のない子どもを授かることができるのだから、なんの問題もないように思うかもしれません。しかし、そのカップルは、苦渋の決断をしなくてはいけないかもしれません。なぜなら、遺伝子診断をするという判断は、生まれてくるべきではない命（障害を持つ可能性が高いため廃棄される受精卵）が存在することを認めることになるからです。どういうことでしょうか？

つまり、すでに生まれた第1子は、**本来ならば生まれてくるべきではなかった命と判断**したことになります。

第1子の存在を否定することにつながるかもしれない判断を、親自身ができるでしょうか？　しかし、遺伝子診断をしないことにより、重い障害を持つ2人の子どもを抱える可能性も出てきます。もしかしたら、生活自体が破綻してしまうかもしれません。遺伝子診断をしてもしなくても、どちらも苦しむことになるのです。

4 再生医療

一部は実用化されている

「再生医療」とは、「病気や事故などの理由によって失われた体の組織を再生する医療技術」。さらに要約して言うと、**「失われた組織や臓器を元通りにする医療」**です。

再生医療には、さまざまな技術があります。そのうち、細胞を培養して、組織や臓器を作る技術はすでに実用化されています。実際に、**皮膚や骨の再生**が行われているのです。

一方、まだ実用化に至っていないものもあります。たとえば、肝臓や腎臓など、多くの種類の細胞でできている複雑な臓器の再生医療です。肝臓や腎臓などの臓器は、細胞を本来の臓器と同じ順序や構造で並べる技術が必要です。そのため、実用化は難しく、現状では研究段階です。

iPS細胞への期待

iPS細胞をご存じでしょうか？

induced pluripotent stem cell（人工多能性幹細胞）の略称で、開発した京都大学の山中伸弥《やまなかしんや》先生は、２０１２年にノーベル生理学・医学賞を受賞しました。

iPS細胞は、生物の体細胞を初期化することで、さまざまな組織や臓器の細胞に分化する能力と、ほぼ無限に増殖する能力を持つ多能性幹細胞のことです。

ですから、理論上、どのような組織でも臓器でも再生することが可能になります。

iPS細胞の研究が進むことで、**根本的な治療としての再生医療が大きく前進**することが期待されています。

iPS細胞は万能？

ここまでの説明を聞いた方は、「**iPS細胞**は何でもできる」と思われるかもしれません。しかし、しつこいようですが、先端技術にはメリットとデメリットがあります。

万能に見えるｉＰＳ細胞にも、以下のような、技術的、倫理的な問題があります。

【技術的問題】

- 組織や臓器を作成していく際に、がん化する可能性が排除できない
- 目的の組織や臓器に確実に分化することが困難である

【倫理的問題】

- ヒトの精子や卵子などの生殖細胞を作成し、最終的に、ヒトの個体を作製できるようになる可能性がある
- ヒトの脳細胞や意識を持った動物の作成が行われる可能性がある

倫理的問題については、意図的に操作していい領域なのか？　そもそも人間が入り込んでよい領域なのか？　私たちがよくよく考えなくてはいけない問題をはらんでいるのです。

臓器の交換が簡単になる？

iPS細胞の研究が進むことにより、組織や臓器を自由に作成し、移植が可能になれば病気へのイメージが変わるかもしれません。

たとえば、暴飲暴食、乱れた生活スタイルで肝臓に異常をきたしたとします。臓器の交換が簡単になれば、「移植すればいいじゃん」となるかもしれないのです。極論かもしれませんが、**健康に気をつけて生活をするという感覚は大きく変化する可能性がある**のです。

さて、本章の「脳死臓器移植」でも触れましたが、以上のような生命自体に関わる先端医療では「技術的問題」「倫理的問題」という側面から考えましょう。

また、必ずメリット、デメリットが存在します。完璧な先端技術は存在しない、という前提でいつも考えることで、みなさんの小論文に書く内容や面接試験で話す内容は一変するでしょう。

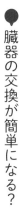

第六章に登場したキーワードのまとめ

- **脳死**を死と認めたことで、脳死臓器移植が可能になった。
- 意思表示と家族同意が必要であったため、なかなか移植が進まなかった。
- 法律が改正され、意思表示が不要になり、子どもの移植も可能になった。
- そもそも**脳死**の判断が難しいことや、移植後の拒絶反応（技術的問題）、本人の意に沿わない移植が行われる可能性（倫理的問題）などの問題もある。
- 人工授精、非配偶者間人工授精、代理母出産などの生殖補助医療は、不妊に悩む人々に大きな恩恵をもたらした。
- 低体重児、染色体異常、その他の障害のリスクがあると言われている（技術的問題）。
- 子どもの親を知る権利、代理母の出産した子どもへの感情などの倫理的問題もある。

- **遺伝子診断**によって、発症前に、疾患の発症リスクがわかるようになった。
- 診断できても治療できないという問題がある（技術的問題）。
- 発症リスクを血縁者に伝えるかどうかという問題もある（倫理的問題）。
- **出生前診断**によって、生まれてくるべきでない命を選別するという問題も生じる（倫理的問題）。
- 細胞を培養して、皮膚や骨を再生する技術は、すでに実用化されている。
- **iPS細胞**（人工多能性幹細胞）によって、ほとんどの組織や臓器が再生できるようになり、再生医療が大きく進むことが期待されている。
- 分化していく上で、がん化する可能性があり、そもそも確実な分化を進めることが困難である（技術的問題）。
- ヒト個体の作成、異なる種の臓器を持つ生物の出現（倫理的問題）などという問題もある。
- われわれの死生観にも影響を与えるのではないか。

先端医療は、「技術的な問題」&「倫理的な問題」と必ずセットで考えよう

第六章のまとめ【穴うめをしてみよう！】

先端医療

- （　　）臓器移植
- 遺伝子診断
- 出生前診断
- （　　）による再生医療

技術的問題と倫理的問題がある。

第六章のまとめ【答え】

先端医療

- 脳死臓器移植
- 遺伝子診断
- 出生前診断
- iPS細胞による再生医療

技術的問題と倫理的問題がある。

関連キーワード解説

遺伝子治療

遺伝子工学の進歩により生まれた、遺伝性疾患に対する根本的治療法のこと。細胞が持つ遺伝子の傷そのものを治す治療のこと。

一般的には、何らかの遺伝子操作を行う治療全般を指す。したがって、遺伝子治療の対象疾患には、遺伝性疾患だけではなく、がんなどの難治性疾患も含まれている。

ゲノム創薬

あらゆる生物のゲノムを研究対象として薬の開発に活かし、新薬を作り出すこと。

遺伝子の情報によって、研究すべき場所（たとえば病気にかかわるたんぱく質など）が特定されるので、合理的な方法で薬の開発が可能になる。

開発期間の短縮、開発費用の削減などのメリットがある。また、病気の発症のプロセスが解明されれば、さまざまな段階に対応した薬を開発できるとともに、同じ病気でもいろいろなタイプの治療薬を作ることができるようになる。

あるいは、病気の原因を特定し、原因に直接作用する薬、原因物質を作らせない薬の開発も可能。

さらに、患者個人の遺伝子情報をもとにした、個々の体に合った薬の開発もできるようになる（オーダーメード医療の可能性を開く）と考えられている。

幹細胞

幹細胞は大きく2種類にわけられる。

ひとつは、ある組織や臓器で失われた細胞の代わりを作り続けている「体性幹細胞（組織幹細胞）」。体性幹細胞は、血液を作る造血幹細胞、神経系を作る神経幹細胞というように、限定された種類の細胞に分化できる。

もうひとつは「胚性幹細胞（ES細胞）」などの、どのような細胞でも作り出すことのできる「多能性幹細胞」である。

ES細胞とiPS細胞

ES細胞とは、受精卵を培養することでできる胚盤胞から、将来胎児になる内部細胞塊の細胞を取り出し、あらゆる細胞に分化できる能力を持ったままシャーレの中で培養し続けることができるようにしたもの。

さまざまな組織や臓器を作ることが可能な、多能性幹細胞のことである。ただし、将来、赤ちゃんとなる可能性のある受精卵を研究に使うことから、倫理的問題が生じる。

また、ES細胞は一個人の遺伝子を持つため、それによって作成された組織や臓器を誰かに移植すると、拒絶反応が生じるという技術的な問題もある。

一方、iPS細胞は、自分の体細胞（たとえば皮膚など）をもとに組織や臓器を作成するため、倫理的な問題は生じず、拒絶反応も生じない。したがって、再生医療の道が大きく開かれることになる。

補章

新型コロナウイルスについて

2020年、新型コロナウイルスによる感染症の世界的拡大によって、
私たちの生活や社会のあり方が大きく変容しました。
また、医学・医療の道を進むみなさんにとっては、
否が応でも何らかの形で関わらなければならない問題です。
大学入試でも、新型コロナウイルスについて、
ある程度の知識を持っているか、医療者としてどうとらえ、
どのように対応すべきか、しっかりと考えているのかということを、
小論文や面接で問うてみたいと考えるはずです。ですから、
新型コロナウイルスについて、ある程度の知識量が必要となります。
本章では、新型コロナウイルスについて考えていくための
ベースとなる知識について、項目別に説明します。
*2021年10月現在の情報が最新です。

①コロナウイルスとは何か?

コロナウイルスは、直径約100nm(10億分の1m)の球形で、表面に突起があり王冠(crown)に似ていることが名前の由来。

呼吸器感染症を引き起こす。一般的に言われるところの「かぜ」の10〜15%程度がコロナウイルスが原因とされている。

重症化するものに、MERSやSARSがある。現在、人に感染するコロナウイルスは、7種類見つかっていて、そのひとつが「新型コロナウイルス」である。

②新型コロナウイルスとは何か?

2019年12月、中国湖北省武漢市で発生した原因不明の肺炎は、新型コロナウイルス(SARS-CoV-2)が原因であることが判明した。この、SARS-CoV-2による感染症のことを、新型コロナウイルス感染症(COVID-19)と言う。

感染すると、多くの場合、発熱、咳《せき》、頭痛、倦怠《けんたい》感などの「かぜ」に近い症状が見られる。

また、他にも下痢、のどの痛み、嗅覚障害、味覚障害などが現れることもあるようだ。多くの場合は軽症・無症状で終わると考えられているが、高齢者や基礎疾患・喫煙歴のある人については、重症化する場合があると言われている。

③感染経路

一般的には「飛沫《ひまつ》感染」「接触感染」で感染する。

飛沫感染とは、感染者のつばなどと一緒にウイルスが放出され、それを吸い込んで感染すること。

接触感染とは、ウイルスがついたものに手で触れて、その手で口や鼻を触ることにより感染すること。

ただし、感染性物質が感染力を維持したまま、長時間・長距離にわたって浮遊することで起きる「空気感染」の可能性があるという報告も出ている（ＷＨＯも可能性を排除できないとしている）。

④予防

- 石けんによる手洗い
- 手指消毒用アルコールによる消毒
- マスク着用
- できる限り混雑した場所を避ける
- 十分な睡眠をとる
- 屋内で互いの距離が確保できない状況で、一定時間過ごすことを、できるだけ避ける

⑤治療法

新型コロナウイルスを直接標的とする、確立した治療薬は今のところない（開発中）。熱を下げる、酸素を投与するなどの対症療法を行いながら、自分の免疫力によって体内のウイルスが駆逐されるのを待つことになる。

⑥濃厚接触

濃厚接触かどうかを判断するための要素は、距離の近さと時間の長さである。たとえば、新型コロナウイルスの感染者に、感染予防策をせずに手で触れたり、互いに手を伸ばしたら届く距離（目安として1m＝いわゆる、ソーシャルディスタンス）で一定時間以上接触があったりした場合、濃厚接触者と考えられる。

⑦3密

3密（3つの密）とは、「密閉、密集、密接」（密閉＝換気が悪い場所、密集＝人が集まること、密接＝近距離で、発声、会話、運動を行うこと）を指す。

日本で集団感染が起こった原因を調べると、多くの場合、3密状態だったとの報告がなされている。

新型コロナウイルス感染症を避けるために、3密を控えるようにすることが求められている。

⑧クラスター（感染集団）

共通の感染源を持つ5人以上の感染者の集団のこと。ひとりの感染者から集団内で感染が広がり、そこからさらに、外部の多くの人に感染が拡大したと疑われる事例が存在している。

ちなみに、感染経路が追えている数人から数十人規模の患者の集団を小規模患者クラスターと言う。

⑨潜伏期間

WHOによれば、症状が出るまでのウィルスの潜伏期間は1～12・5日（多くは5～6日。ただし、この期間については、異なる見解も存在）とされている。未感染者については、14日間、健康状態を観察することが推奨されている。

⑩重症化

体は、「免疫」という病原体から体を守るシステムを持っているが、時に暴走し、健康な細胞を傷つけてしまうことがある。免疫反応が暴走するひとつの例が「サイトカインストーム」である。

サイトカインとは、細胞同士の情報伝達の役割を担っている、おもに免疫細胞から分泌されるたんぱく質のこと。体の異常を知らせるために分泌され、防御反応を調整している。

サイトカインが分泌されると、防御反応により、発熱や頭痛、倦怠感などが症状として現れる。そして病原体の感染量が多くなると、炎症も強くなり、サイトカインも大量に放出されて、サイトカインストームが起きる。

サイトカインストームが起きると、発熱や倦怠感などが過剰に起き、全身状態の悪化につながる。つまり、自分の体の免疫反応が自分の体を攻撃するということである。

したがって、サイトカインストームによる重症患者には、免疫反応を下げるような薬剤投与が行われる。

⑪PCR検査・抗原検査・抗体検査

【PCR検査】

ウイルスの遺伝子を、薬液により増幅させ検出する検査のこと。鼻や咽頭を拭うことで細胞を採取するなどして検査を行う。

感染して、発症する数日前より検出可能。検査時点で、体内にウイルスが存在するかどうかを調べることができる。感度は約70%程度と言われている。

【抗原検査】

ウイルスの抗体を用いて、ウイルスが持つ特有のたんぱく質（抗原）を検出する検査のこと。

PCR検査に比べ検出率は劣るが、短時間で結果が出て、特別な検査機器が必要ではないため、早く判断しなければならない場合等に用いられる。

インフルエンザの検査は、抗原検査の場合が多い。

【抗体検査】

ウイルスに感染すると形成されるたんぱく質（抗体）が、血液中に存在するかどうかを調べる検査のこと。

過去に、そのウイルスに感染していたかどうかを調べることができる。体内に抗体ができるまでには時間がかかるため、今現在ウイルスに感染していないことを検査することは難しい。

また、ウイルス感染だけでなく、ワクチン投与によって抗体ができた場合にも陽性となる。

⑫ワクチン

【ワクチン】

病原体を攻撃しながら、その特徴を覚え、効果的に攻撃できるように準備する仕組みを免疫と言う。この仕組みを利用して感染症の発症や重症化を予防するもの。

ワクチンの投与によって、体内に感染したような状態を作り出し、免疫システムに、病原体の特徴を覚え込ませる。そのことで、病原体の侵入前に、免疫の予行演習をして、実際の病原体に対抗できるようにしておくという仕組みである。病原体の毒性を弱めたものから作られる「生ワクチン」、病原体の感染能力を失わせたものから作られる「不活性化ワクチン」などがある。

【新型コロナウイルスワクチン】

従来の生ワクチンや不活性化ワクチンとは異なる、新しい仕組みのワクチン。現在、世界で使用されているワクチンは、ウイルス抗原の遺伝子を用いたワクチンである。大きくわけると、核酸型とベクター型に分類される。

ファイザー社やモデルナ社のワクチンは、メッセンジャーRNA（mRNA）という核酸（遺伝子）を人体へ注入することで、体内の細胞にウイルス抗原たんぱくを作らせるもの。新型コロナウイルスの周囲のトゲトゲの部分（スパイクたんぱく質）を体内で大量に作ることになる。

人体は、新型コロナウイルスに感染せず、新型コロナウイルスの一部の形だけを記憶して、抗体免疫を高めることができる。メッセンジャーRNA遺伝子は、自然分解し、細胞外へ排泄される。

アストラゼネカ社のワクチンは、チンパンジーのアデノウイルスというベクター（運び屋）に、スパイクたんぱく質のRNAを乗せて投与するもの。ヒトの細胞にアデノウイルスが感染し（自己複製はしない）、体内でスパイクたんぱく質が作られ、免疫の仕組みによって抗体が作られる。

【接種方法】

筋肉注射で接種を行う。

肩に接種するが、針を深く刺さなければならない。2回接種（ファイザー社ワクチンは1回目接種から21日後以降、モデルナ社ワクチンは28日後以降、アストラゼネカ社ワクチンは28日から84日まで。ただし、この期間については異なる見解も存在）が必要とされる（1回のみでは効果が不十分とされている）。

ワクチンの効果は時間と共に減少するため、3回目の接種（ブースター接種）も予定されている。

【有効性】

第3相試験（試験の最終段階）において、有効率は95％（ファイザー社）、94・5％（モデルナ社）、60〜90％（アストラゼネカ社）と非常に高い発症予防効果が確認されている。

有効率95％というのは、接種、非接種の2つの集団で、それぞれ発症者が5人、100人と差が出たとし、非接種ならば感染していた100人のうち、接種すると95人が感染せずに済んだと解釈できる。

インフルエンザワクチンの有効率が60％程度と言われているので、新型コロナワクチンの有効性は高いと考えてよいだろう。現時点で、新型コロナウイルス感染症の発症・重症化を大きく減少させると言えよう。

ただし、感染力を減少させるかについては、はっきりとしたデータがなく、集団免疫（＝社会や組織全体での流行を抑えることができるか）に関してはまだわかっていない。

【副反応】

局所反応（接種部位の腫れや痛み）が出やすく、倦怠感や発熱は接種者の多くに現れる。

他のワクチンに比べてアレルギー反応が出やすく、一部はアナフィラキシーを発症する。また、ＡＤＥ（抗体依存性免疫増強＝ワクチンを打った人のほうが、感染時に重症となる現象）の可能性も考慮しなければならない。

長期的な人体への影響についてのデータはない。

お疲れ様でした！
ここまで読んだみなさんは、
確実に力をつけています。
これからも、ひきつづき
がんばってね！

おわりに

キーワードを覚えるのではなく、医学・医療の現状という文脈の中で理解できるよう、この本を書きました。

新しいキーワードの意味を知ること、あらためてキーワードの意味を確認することは、それ自体大切なことです。

しかし、そのキーワードを道具として使える、つまり、小論文を書く際に、効果的に使えることがもっともっと重要なのです。

医療従事者をめざす受験生のみなさんには、医学・医療の事象について誰かに説明する、現在の医療問題について自分の考えを見出す、患者に病気のことを伝える――このような状況で、知っているキーワードを駆使して、十分に考え、自分の言葉で語ることができるようになってほしいと思っています。

さて、この本は用語集ですので、キーワードの説明が、どうしても辞書や辞典っぽい、味気のない説明調の文章になっているかもしれません。それではつまらないし、何より、みなさんの頭に残らないと思い、いろいろ工夫したつもりです。でも、書いた原稿を読み返してみると、本当にこれでいいのだろうか？　もっとできる工夫はないか？　と思ってしまいます。読者である受験生のみなさん、いかがだったでしょうか？

これまで、かんき出版さんから、小論文、看護・医療系小論文、志望理由書に関する本を出版させていただきました。医系の大学を受験する人は、この本を加えて4冊で受験対策をしていただければ幸いです。

既刊の3冊で、どう考え、どう書くかを学んでいただき、本書でさらにブラッシュアップしていただければと思います。

いや、逆に、本書で知識をつけた上で、小論文や志望理由に進んでもらうというのもいいかもしれません。

最後に、今回も協力してくださった、かんき出版の荒上和人さんに感謝の言葉をお伝えしたいと思います。ありがとうございました。

みなさんが、本書を読んで、医学・医療に関心を持ってくれることを切に願っております。

２０２１年　秋　　中塚　光之介

参考資料

小橋元、近藤克則、黒田研二、千代豪昭編『学生のための医療概論 第4版』（医学書院）
山崎摩耶『看護の魅力』（中央法規出版）
上田敏『リハビリテーションの思想』（医学書院）
大田仁史『リハビリテーション入門』（ＩＤＰ出版）
久常節子編『看護とはどんな仕事か――7人のトップ・ランナーたち』（勁草書房）
デミ、さくまゆみこ『フローレンス・ナイチンゲール』（光村教育図書）
柏木哲夫『ターミナルケアとホスピス』（大阪大学出版会）
矢崎義雄『医の未来』（岩波新書）
井村裕夫『医と人間』（岩波新書）
里見清一『医者と患者のコミュニケーション論』（新潮社）
黒木登志夫『ｉＰＳ細胞　不可能を可能にした細胞』（中央公論社）
加藤尚武『脳死・クローン・遺伝子治療　バイオエシックスの練習問題』（ＰＨＰ研究所）
米本昌平『先端医療革命　その技術・思想・制度』（中央公論社）
【健康ｃｈ】（ＮＨＫホームページより）
https://www.nhk.or.jp/kenko/special/coronavirus/sp_1.html
【新型コロナウイルス特設サイト】（ＮＨＫホームページより）
https://www3.nhk.or.jp/news/special/coronavirus/protection/?tab=1
https://www3.nhk.or.jp/news/special/coronavirus/
【東京都感染症情報センターホームページ】
http://idsc.tokyo-eiken.go.jp/diseases/2019-ncov/qa/qa1/
【東邦大学ホームページ】
https://www.toho-u.ac.jp/sci/biomol/glossary/bio/embryonic_stem_cell.html

【再生医療PORTALホームページ】
https://saiseiiryo.jp/about/basic/detail/basic_01.html

【製薬協ホームページ】
http://www.jpma.or.jp/medicine/med_qa/info_qa55/q46.html

【AVENUE CELL CLINICホームページ】
https://acell-clinic.com/rebirth/about.html

【遺伝性疾患プラスホームページ】
https://genetics.qlife.jp/interviews/dr-ozawa20200703

【国立研究開発法人　日本医療研究開発機構ホームページ】
https://www.amed.go.jp/program/list/13/01/RM_ethics.html

【厚生労働省ホームページ】
https://www.mhlw.go.jp/stf/seisakunitsuite/bunya/kenkou_iryou/iryou/saisei_iryou/index.html

【中外製薬ホームページ】
https://www.chugai-pharm.co.jp/ptn/bio/genome/genomep05.html
https://www.chugai-pharm.co.jp/ptn/bio/genome/genomep16.html

【再生医療ナビホームページ】
http://saisei-navi.com/hiza/regenerative_medicine/story/
http://saisei-navi.com/hiza/regenerative_medicine/ips/index.html

【JAPCOホームページ】
http://www.fujita-hu.ac.jp/~japco/patient/pgd/index.html

【慶應義塾大学医学部　臨床遺伝学センターホームページ】
https://cmg.med.keio.ac.jp/consulting/geneticdiagnosis/

【独立行政法人　国立病院機構　四国がんセンターホームページ】
https://shikoku-cc.hosp.go.jp/book/page09.html

索引

あ行

か行

さ行

【著者紹介】

中塚　光之介（なかつか・こうのすけ）

◉——河合塾講師。大正大学チュートリアル研究室チーフ研究員。大阪府出身。

◉——早稲田大学卒業後の1993年から河合塾にて添削指導を行う（人文教育系、社会科学系、医系など）。2000年からは、すいどーばた美術学院で芸術系小論文、2001年からは、新宿セミナーで看護系小論文の指導を行う。

◉——2003年から河合塾小論文科講師となり、医系小論文、文系小論文、帰国生入試小論文を担当する。医系テキスト、全系統テキスト、全統論文模試、全統医進模試プロジェクトチームにも参加。

◉——また、AO・推薦対策全般（提出書類、面接など）の指導も行う。担当する小論文対策講座はいつも満席状態。夏期、冬期講習は、申込み開始後、即締切となるほどの圧倒的な人気を誇る。

◉——著書に、『採点者の心をつかむ　合格する小論文』『採点者の心をつかむ　合格する看護・医療系の小論文』『採点者の心をつかむ　合格する志望理由書』（いずれも、かんき出版）がある。

採点者《さいてんしゃ》の心《こころ》をつかむ
合格《ごうかく》する小論文《しょうろんぶん》のネタ[医歯薬《いしやく》／看護《かんご》・医療編《いりょうへん》]

2021年11月1日　　第1刷発行

著　者——中塚　光之介

発行者——齊藤　龍男

発行所——株式会社かんき出版

東京都千代田区麹町4-1-4 西脇ビル　〒102-0083
電話　営業部：03(3262)8011㈹　編集部：03(3262)8012㈹
FAX　03(3234)4421　　　　　振替　00100-2-62304
https://kanki-pub.co.jp/

印刷所——図書印刷株式会社

ISBN978-4-7612-3048-7 C7081